소그룹 영성형성 훈련

-축복의 길-

소그룹 영성 형성 훈련-축복의 길
Companions in Christ-The Way of Blessedness

초판 발행: 2007년 12월 30일
지은이: Stephen D. Bryant, Majorie J. Thompson
옮긴이: 최대형
발행처: 도서출판 은성
등록: 1974년 12월 9일 제9-66호
주소: 서울시 강동구 성내동 538-9
전화: 02) 477-4404
팩스: 02) 477-4405

Printed in Korea
ISBN 89-7236-351-4 33230

Originally published in English under the title of *Companions in Christ The Way of Blessedness[Prticipant's Book]* by Stephen D. Bryant, Majorie J. Thompson.
Published by Upper Room Books, in U. S. A. in 2003.

http://EunsungPub.co.kr

COMPANIONS *in Christ*®

A Small-Group Experience in Spiritual Formation

THE WAY OF BLESSEDNESS

Stephen D. Bryant, Majorie J. Thompson

translated by

Anthony Paul, Choi

소그룹 영성형성 훈련

-축복의 길-

매조리 톰슨, 스티픈 브라이언트
최대형 옮김

목차 | CONTENTS

감사의 글 | ACKNOWLEDGMENTS

미국 Upper Room Ministry의 편집자이자 출판인인 스티픈 브라이언트(Stephen D. Bryant)와 Pathways Center의 책임자이며 소그룹 영성 형성 훈련의 영적 지도자인 매조리 톰슨(Marjorie J. Thompson)의 오랜 염원이었던 28주 코스의 『소그룹 영성 형성 훈련』(*Companions in Christ*)이 자라 이제 새로운 결실로 확대되어가고 있습니다. 『소그룹 영성 형성 훈련』 시리즈는 수년 동안 많은 사람들에게 알려지게 되었습니다. 이 시리즈에 대한 최초의 조언자, 컨설턴트, 저자 · 편집자, 시범 교회들은 28주 코스의 『소그룹 영성 형성 훈련』뿐 아니라 두 번째 시리즈인 『용서의 길』(*Companions in Christ: The Way of Forgiveness*)에 대해서도 환영을 받았습니다.

이제 이 책의 세 번째 시리즈로 『축복의 길』(*Companions in Christ: The Way of Blessedness*)을 출간하게 되었습니다. 9주 코스로 구성된 이 『축복의 길』의 학습자용 교재는 주로 매조리 톰슨이 집필하였습니다. 그리고 이 책의 '매일 과제'와 지도자용의 '깊은 탐구'는 주로 스티픈 브라이언트가 맡았습니다. 조언 팀의 스태프로서는 린 데밍(Lynne Deming), 신디 헬름(Cindy Helm),

토니 피터슨(Tony Peterson), 그리고 매조리 톰슨 등이 지도자용의 책을 완성하는 데 공헌을 했습니다. 매리 루 레딩(Mary Lou Redding)은 컨설턴트로서 학습자용 교재를 마무리 짓는 데 몇 가지 아이디어를 제시했습니다. 그리고 많은 소그룹 지도자들은 『축복의 길』이 발전하도록 유용한 지혜와 지도를 제공해 주었습니다. 이 일을 감당했던 그룹에 존 앤더슨(John Anderson), 론 라거스트롬(Ron Lagerstrom), 래리 피콕(Larry Peacock), 드보라 수에스(Deborah Suess), 와인 맥그래거(Wynn McGregor), 캐롤 코톤 윈(Carole Cotton Winn) 등이 참여했습니다.

예수께서 무리를 보시고 산에 올라가 앉으시니
제자들이 나아온지라
입을 열어 가르쳐 가라사대
심령이 가난한 자는 복이 있나니
천국이 저희 것임이요
애통하는 자는 복이 있나니
저희가 위로를 받을 것임이요
온유한 자는 복이 있나니
저희가 땅을 기업으로 받을 것임이요

의에 주리고 목마른 자는 복이 있나니
저희가 배부를 것임이요
긍휼히 여기는 자는 복이 있나니
저희가 긍휼히 여김을 받을 것임이요
마음이 청결한 자는 복이 있나니
저희가 하나님을 볼 것임이요
화평케 하는 자는 복이 있나니
저희가 하나님의 아들이라 일컬음을 받을 것임이요
의를 위하여 핍박을 받은 자는 복이 있나니
천국이 저희 것임이라

나를 인하여 너희를 욕하고 핍박하고 거짓으로 너희를 거스려 모든 악한 말을 할 때에는 너희에게 복이 있나니
기뻐하고 즐거워하라 하늘에서 너희의 상이 큼이라 너희 전에 있던 선지자들을 이같이 핍박하였느니라

개요 | INTRODUCTION

소그룹 영성 형성 훈련의 『축복의 길』에 참여하신 것을 환영합니다. 이 책은 예수님이 첫 번째로 가르치신 팔복으로 시작한 산상수훈을 근거로 작성되었습니다. 주님의 이러한 가르치심 안에 내포되어 있는 중심은 하나님의 기쁨으로 충만한 것을 알게 함으로써 우리들로 하여금 영혼의 깊은 기쁨과 만족으로써 살게 하려는데 있습니다. 주께서 당부하신 길은 분명히 도전적입니다. 그분의 가르치심은 우리를 낯설고 당혹케 합니다. 그러나 이 길을 따라 여정을 계속할수록 분명히 당신과 소그룹원들은 하나님이 생명의 하나님 나라로 부르고 계심을 알게 될 것으로 확신합니다.

이 책의 근본이 되는 28주 코스인 『소그룹 영성 형성 훈련』으로 영성 형성 훈련을 시작했던 이들의 요청에 따라 미국 다락방에서 이 책의 시리즈를 개발하게 되었습니다. 『용서의 길』이 바로 두 번째 시리즈로서 8주 동안 하나님의 은혜를 항상 우리 안전에 두고 남을 용서하고 용서받는 영적 여정을 하도록 설계되어 있습니다. 그 다음 세 번째 시리즈로 바로 이 『축복의 길』을 출판하기에 이르렀습니다.

각 소그룹 영성 형성 시리즈들은 28주의 『소그룹 영성 형성 훈

련』을 근거로 삼고 기본 골격을 유지하면서 각론적으로 확장하여 다루고 있습니다. 각 시리즈의 모체가 되는 『소그룹 영성 형성 훈련』은 기독교인의 영성 생활에 있어서 기본이 되는 다섯 분야, 즉 여정 · 말씀 · 기도 · 소명 · 영적 지도를 다루고 있습니다. 이 책의 각 시리즈들은 이 다섯 분야에 있어서 보다 깊은 영성생활 및 훈련을 하도록 해 줍니다.

『축복의 길』은 성경의 기본 표제에 해당됩니다. 마태복음 5:3-10의 팔복은 예수님의 산상수훈(마태복음 5~7장)의 첫 시작입니다. 팔복의 각 문장은 함축적이며 직설적이지만 심오한 지혜가 서려 있습니다. 이 말씀을 깊이 탐구하기 위해서는 말씀을 묵상하고 기도하는 고전적인 훈련을 통하여 마음과 정신을 성경에 집중하도록 해야 할 것입니다. 중요한 점은 이 과정이 바이블 스터디와는 다르다는 것을 이해하는 것입니다. 이것은 정보 습득보다는 영성 형성적인 말씀에의 접근을 시도해야 한다는 의미입니다. 우리들의 관심은 팔복은 영성 형성적인 방법, 즉 그리스도의 온전한 형상을 우리 내면에 형성하는 방법을 발견하는 데에 있습니다.

이 시리즈의 기초가 되는 『소그룹 영성 형성 훈련』처럼 이 책의 기초 자료들은 기독교인의 삶에 있어서 필수적이며 깊은 영성 훈련을 할 수 있도록 도와줄 것입니다. 그것들은 여러분이 일상적인 삶에서 하나님을 경험하고, 감사와 믿음과 사랑과 자기 헌신으로써 은혜에 응답하는 역량의 성장을 경험하는 데 초점이 맞추어져 있습니다. 이 탐구는 소그룹의 중심에서 일어나기 때문에 서로 돕고 격려하고 인도하며 작은 공동체로서의 의무를 행함에 대한 축복을 점차 깨달아 알게 될 것입니다.

자료와 과정에 대하여

모든 영성 형성 훈련과 마찬가지로 『축복의 길』도 두 개의 기본 틀을 갖추고 있습니다. 즉 개인적인 독서와 학습자 교재에 있는 다섯 개의 매일 과제를 하는 것, 그리고 지도자 교재를 기초로 한 주일에 한 번 두 시간 동안 소그룹으로 모이는 것입니다.

학습자 교재에 있는 각 주간의 장은 새로운 자료를 소개하며, 이 자료를 자신의 삶에 비추어 볼 수 있도록 다섯 개의 매일 과제를 수록하였습니다. 이 과정의 첫째 날 오리엔테이션을 한 후, 한 주간의 일정은 다음과 같습니다. 첫째 날은 한 주간의 내용을 읽고, 둘째 날부터 여섯째 날까지 매일의 과제를 하루에 하나씩 하고, 마지막 일곱째 날에는 소그룹 미팅을 갖습니다.

매일의 과제는 정보(…에 대하여 아는 것)에서 체험(…을 아는 것)으로의 이동을 돕는 데 있습니다. 이 과정에서 중요한 것은 묵상과 기도, 그리고 추후에 검토할 의문사항과 소그룹 미팅 때 발표할 것들을 기록하는 등의 목적을 위하여 영성 일지를 기록하는 것입니다. 한 과제를 수행하는 데 대략 30분 정도 소요될 것입니다.

주간 미팅은 지난 한 주간 동안 했던 과제를 나누는 시간과 다양한 학습과 기도 훈련을 통하여 보다 깊은 탐구를 위한 시간을 갖게 됩니다. 간단한 예배로 미팅을 시작하고 끝마칩니다. 미팅에 참석할 때 학습자 교재와 성경, 개인 노트 또는 영성 일지를 지참하기 바랍니다. 참고 자료는 이 책 뒤에 실었습니다.

개인 노트 또는 영성 일지

소그룹 영성 형성 학습 과정에 있어서 영성 일지나 개인 노트를 기록하는 것은 매우 중요합니다. 학습자 교재는 매일 과제를 제공합니다. 이 과정에서 자주 당신의 생각, 묵상, 질문, 느낌, 기도에 대하여 기록하라는 요청을 받게 될 것입니다.

경험이 없는 사람인 경우에도 일지를 기록하는 것은 쉽게 제2천성이 될 것입니다. 일단 생각들이 쏟아져 나오기 시작하면 지금까지 한 번도 털어놓은 적이 없는 내면 생활을 표현할 수 있을 것입니다. 만일 영성 일지를 기록하는 것이 어렵다거나 부담스럽게 여겨진다면, 새로운 방법으로 일지 기록을 시도하는 것도 좋습니다. 일지는 기록하는 사람만을 위한 것이기 때문에 자신에게 알맞은 방법을 선택할 수 있습니다. 문장이 세련되지 않아도 좋고, 문법과 맞춤법이 정확하지 않아도 괜찮습니다. 완전한 문장이 아니어도 좋습니다. 핵심이 되는 생각이나 깨달음들을 메모하십시오. 생각나는 것들을 낙서하고 싶을 수도 있습니다. 어쨌든 일지를 쓰는 것이 재미있고 편해야 합니다. 당신이 쓴 일지는 다른 사람이 보지 않을 것이며, 당신에게는 자기의 의견들 중에서 원하는 것만 모임에서 발표할 자유가 있습니다.

『축복의 길』 과정을 실천하는 동안 일지를 써야 하는 두 가지 중요한 이유가 있습니다. 첫째, 기록을 하다 보면 생각들이 분명히 정리되어 보다 상세하고 구체적인 것이 됩니다. 때때로 우리는 종이에 기록된 생각들을 보고 나서야 비로소 자기가 무엇을 생각했는지 알게 됩니다. 또 기록하는 과정 자체가 새롭고 독창적인 통찰을 만들어 내기도 합니다. 둘째, 이 개인적인 기록은 우리가 내적으로 경험하는 것을 포착하며, 자신의 생각이나 통찰의 성장 방향을 바꾸는 데 도움을 줍니다. 사람들의 기억은 매우 덧없고 무상하기 때문에 특별한 느낌이나 독창적인 관계라도 기록해 두지 않으면 기억하기 어렵습니다. 묵상하는 동안 생각한 것들을 모두 일지에 담을 수는 없겠지만, 일지는 매주 소그룹 미팅을 하는 동안에 참고할 수 있는 메모 역할을 할 것입니다.

주먼저, 이러한 목적에 사용할 수 있는 노트를 준비하십시오. 단순한 스프링 노트도 좋고, 양장으로 된 노트도 좋습니다. 그냥 백지로 된 것도 좋고, 줄이 그어져 있는 것도 좋습니다. 어느 정도 영구적으로 보관할 수 있는 것이면 좋겠습니다.

매일의 과제를 시작할 때에는 일지와 필기노트를 준비하십시오. 하나의 과제를 완전히 읽고 생각을 마칠 때까지 기다릴 필요가 없습니다. 도중에 언제든지 생각을 중지하고 일지에 기록하는 법을 배워야 합니다. 종이 위에서 생각하십시오. 주제와 상관없는 것처럼 보이는 것일지라도 떠오르는 것이라면 무엇이든 기록하십시오, 그것이 생각보다 더 유익하고 타당한 것일 수도 있습니다. 처음에 그 과정이 부자연스럽게 여겨져도 조급하게 생각하지 마십시오. 다른 모든 영적 훈련이 그러하듯이 시간이 흐르면서 점차 일지를 기록하는 것이 쉬워지고, 그 가치를 분명히 이해하게 됩니다.

매주 일지를 작성하는 방법을 제시하면 다음과 같습니다. 첫날 소그룹 모임을 마친 뒤에 새 장(章)을 읽고, 그에 대한 당신의 반응을 기록하십시오. 놀라운 것들, 질문, 동의하지 않는 것들, 기록해 두고 싶은 이미지나 생각들을 기록하십시오. 그 다음 닷새 동안에는 그 주간의 과제를 행하면서 일반적인 대답이나 특별한 대답을 기록하십시오. 한 주 동안 기록해 둔 것을 검토하면서 전체 모임에서 발표하고 싶은 부분을 표시해 두는 것도 유익할 것입니다. 토론 시간에 당신이 설명하고 싶은 중요한 기억들을 직접 언

급할 수 있도록 기록하는 것이 자신의 삶의 패턴을 생각해 내는 데 도움이 되며 하나님이 당신의 삶 속에서 어떻게 역사하시는지 보다 분명히 볼 수 있음을 발견할 수도 있습니다.

소그룹 모임

주간 모임은 네 단계로 나뉩니다. 첫 단계에서는 모두 모여 간단히 기도하고 예배드립니다. 이 시간은 그룹 미팅을 시작하면서 그날의 많은 염려를 내려놓고 하나님의 임재와 인도하심에 초점을 둘 수 있는 기회를 제공합니다.

모임의 둘째 단계는 "통찰 나누기"라고 부릅니다. 이 시간에는 한주 동안 매일 과제를 행하면서 경험한 것을 발표합니다. 회원들뿐 아니라 인도자도 발표할 수 있습니다. 일반적으로 회원은 특별한 과제와 관련하여 간단하게 발표합니다. 이 시간은 하나님께 귀를 기울이며 그리스도의 제자로서 보다 충실하게 살려는 사람들의 공동체가 되는 것의 의미를 실천하기 위한 중요한 시간입니다. 모임에서는 주의 깊게 듣는 것, 영적 훈련, 영적 훈련을 일상생활에 통합하는 방법 등을 탐구할 수 있는 공간을 제공합니다. 회원들은 서로에게 논평을 하거나 충고할 필요가 없으며, 경청과 기도로써 매일의 과제를 행하는 동안 일어난 것에 주의를 기울이도록 도와줍니다. 이 모임은 서로에게 제안을 하거나 도움을 제공하는 전통적인 지원 그룹의 역할을 하는 것이 아닙니다. 오히려 회원들은 성령이 인도자가 되신다는 것, 그리고 성령의 인도하심에 귀를 기울이도록 서로를 도와주라는 부르심을 받고 있다고 믿습니다.

"통찰 나누기" 시간은 각 사람의 삶에서 하나님이 각기 다르게 역사하신다는 것을 배울 수 있는 특별한 기회를 제공합니다. 회원들의 여정은 각기 다르지만, 다른 회원들의 경험에 의해 풍성해집니다. 회원들은 기도 안에서 서로 붙들어 줄 수 있고, 다른 회원들의 경험을 존중할 수 있습니다. 이 시간을 통해서 하나님의 활동이 예상하지 못했던 방법으로 우리의 삶에 작용할 수 있다는 것을 새롭게 이해하게 될 것입니다. 모임에서의 나눔을 촉진하기 위해서는 몇 가지 기본 규칙을 세울 필요가 있습니다. 예를 들면 각 사람이 자신의 신념과 느낌과 반응에 대해서만 발표해야 한다는 것, 그리고 준비된 것을 허락을 받아 발표해야 한다는 것 등을 분명히 해야 합니다. 특히 모임에서 발표된 것을 다른 사람에게 말하지 않도록 비밀을 유지해야 합니다. 만일 회원들이 발언을 방해하거나 발언한 것에 대해 비평 또는 바로잡으려 한다면, 이 시간은 무의미한 시간이 될 수도 있습니다. 지도자는 회원들의 나눔을 통해서 분명히 드러나는 주제나 패턴에 관심을 환기시키면서 이 시간을 마칩니다. 이러한 패턴들은 하나님께서 그 그룹에게 주시는 하나의 단어를 가리킬 수도 있을 것입니다. 지도자는 회원들과 동일한 참석자요, 또 겉으로 드러난 중요한 통찰들을 경청하고 요약해 줌으로써 진행을 돕는 자입니다.

그룹 모임의 셋째 단계는 "심층 탐구"라고 합니다. 이 시간은 그 주간의 교재에 담긴 개념들을 발전시키거나, 교재에 소개된 영성훈련을 실습하거나, 회원들이 배우고 있는 것이 그들 자신이나 그들이 속한 교회에 미치는 영향에 대해 생각할 기회를 제공합니다. 그것은 회원들을 위한 일반적인 학습 경험, 그리고 그리스도의 마음과 정신과 사역에 보다 온전히 동참할 수 있는 방법을 보다 깊이 이해할 수 있는 기회를 제공합니다.

소그룹 모임을 마칠 때에는 시작할 때와 마찬가지로 간단히 예

배를 드리고 대화나 경험에서 비롯된 특별한 중보기도나 자연스럽게 생겨나는 기도 요청의 시간을 갖습니다.

여정으로의 초대

『축복의 길』을 여행하는 동안 예수 그리스도와의 관계에 초점을 맞추며 하나님의 임재와 인도하심에 응답함에 있어서 성장하는 특별한 경험을 하게 될 것입니다. 진정한 여정의 동반자인 소그룹의 다른 멤버들은, 그들이 당신으로 인해 그러하듯이, 당신이 탐구하고 배우도록 용기를 북돋우어 줄 것입니다.

다양한 관점에서 당신은 산상수훈의 팔복이 그리스도인의 공통적인 소명에 대해 깊은 감사를 드리도록 한다는 것을 알게 될 것입니다. 직접적인 초점은 성경이며 그 탐구 방법은 성경적인 영성 훈련에 기초를 두고 있는 반면, 이러한 가르침의 내용은 우리로 하여금 하나님의 권세 안과 아래에 살라는 부르심입니다. 팔복에서 그리스도께서 우리가 살아야 할 삶을 말씀해 주고 계십니다. 팔복을 통해서 우리 안에 하나님의 왕국에 대한 비전을 설명하고 계십니다.

예수님이 우리로 하여금 살라고 하신 삶은 매우 완전한 회심, 즉 우리 안에 계신 주님의 아름답고 온전한 영이 충만하게 나타나는 마음과 정신과 행위가 변화된 삶입니다. 이것이 바로 그리스도의 형상을 닮는 것, 다시 말해서 기독교 전통에서 말하는 영성 형성의 목적입니다. 이것은 오직 하나님의 은혜를 입을 때나 생각할 수 있는 목적입니다. 그러나 이 은혜는 이미 그리스도 안에 있는 우리들에게 가능하며, 성령의 은사를 통해 계속적으로 우리들에게 확장되는 것입니다. 우리는 기도, 믿음, 성경의 깊은 진리에 대한 사랑, 성령의 인도하심에 내맡김, 하나님의 사역에 자신을 바침 등을 통해 우리 자신을 은혜에 개방합니다.

우리는 축복된 삶의 영적인 풍요로움을 탐구함으로써 이제 우리 자신을 내면적으로 하나님께서 우리에게 부어 주고자 하시는 은혜를 향해 개방하라는 부르심을 받습니다. 당신은 이 주제에 접근하기 위해 필요한 은사를 담대히 하나님께 청원할 수 있다는 것을 기억하십시오. 성령의 삶은 예수님을 따르는 것이 습관이 된 자들에게 주어지는 진정한 기쁨과 행복을 우리에게 줍니다. 당신의 동료와 함께 하나님의 주권 안으로 여정을 계속하는 동안 성령의 은혜가 당신의 발걸음을 인도해 주시기를 빕니다.

제1주

복된 생활 탐구

"내가 온 것은 양으로 생명을 얻게 하고 더 풍성히 얻게 하려는 것이라"(요 10:10). "내가 이것을 너희에게 이름은 내 기쁨이 너희 안에 있어 너희 기쁨을 충만하게 하려 함이니라"(요 15:11). "풍성한 생명! 충만한 기쁨! 이것들은 모든 세대에 주님을 따르는 사람들에게 주님이 주려 하시는 선물이며, 하나님이 우리에게 주실 수 있는 최고의 선물들입니다. 이것들은 우리 마음이 가장 간절히 원하는 것이 아닙니까?

우리는 삶에서 참된 기쁨, 깊은 만족, 완전한 축복을 받았다는 의식을 갈망합니다. 세상은 우리의 피상적인 갈망과 이기적인 충동을 충족시킴으로써 우리에게 대답을 주려고 노력합니다. 우리 문화에서는 행복의 근원이라고 장려되는 넉넉한 음식, 유행하는 옷, 경제적인 안정 등 소비 제품이 인기를 끕니다. 온갖 종류의 사업 방식, 경영 방법, 정신적 긴장 완화 기법, 육체적 컨디션 조절법 등이 우리에게 경쟁력 있는 강점을 제공해 주고, 그럼으로써 개인적인 능력과 만족 의식을 강화해 줄 것이라고 간주됩니

다. 그러나 심오한 기쁨을 향한 우리의 갈망에 대한 세상의 해답들은 궁극적으로 우리의 기대를 충족시켜 주지 못합니다. 때때로 그것들은 우리를 습관적인 갈망의 덫에 빠지게 하거나 공허감과 상실감을 느끼게 할 수도 있습니다. 하나님만이 주실 수 있는 것을 세상은 줄 수 없습니다.

인간의 모습을 취함으로써 가시적으로 드러난 하나님의 사랑이신 예수님은 우리가 삶에서 깊은 행복과 만족을 강화해 주는 것들을 발견해 내도록 돕는 즐거운 사명을 가지고 오셨습니다. 그분은 참된 기쁨의 비밀을 알고 구체화하셨으며, 또 그분의 말씀을 듣는 사람들에게 기꺼이 그것을 나누어 주려 하셨습니다. 마태복음을 보면, 예수님은 사역 초기의 설교에서 자신의 가장 훌륭한 영적 진주들을 많은 사람들에게 나누어 주셨습니다. 마태복음 5~7장의 산상수훈은 기독교인들이 팔복이라고 일컫는 여덟 가지의 간단하면서도 예리한 언급으로 시작됩니다. 이제부터 우리가 다룰 "축복의 길"에서는 이 여덟 가지 가르침을 탐구하려 합니다.

팔복

성 어거스틴의 정의에 의하면 "축복이란 원하는 것을 모두 갖고 나쁜 것은 갖지 않는 것"이라고 했다.
—Simon Tugwell

복(beatitude; Μακαριρι)이라는 단어는 일반적으로는 그리 사용되지 않는 다소 특별한 용어입니다. 이와 관련된 표현을 "기쁜 미소"(beatific smile)에서 찾아볼 수 있는데, 이 경우에 "기쁜"이란 하늘나라에 속한 것을 가리킵니다. 기본적으로 팔복이란 "복받음이나 행복의 상태"를 의미합니다.

앞에서 말했듯이, 예수께서 이 가르침에서 지적하시는 것은 우리가 행복이라고 생각하는 것보다 한층 심오한 것입니다. 그것은 우리의 삶이 진행되는 방식에 의존하여 오고가는 피상적인 만족을 초월하는 것입니다. 예수님이 말씀하시는 행복은 거품이 끓어오르는 삶의 표면 밑 깊은 곳에서 꾸준히 강력하게 흐르는 물의 흐름에 도달하는 것을 의미합니다. 그러한 행복은 예수께서 온갖 환경에 처해 있는 우리에게 주려 하시는 것, 하나님 안에 있는 확실한 기쁨을 형성합니다. 그것은 하나님의 통치를 알며 그 안에서 살아가는 사람들의 행복입니다.

하나님의 통치, 또는 마태복음에서 말한 것처럼 "천국"이 예수님의 존재와 가르침의 중심입니다. 월터 윙크(Walter Wink)는 예수님의 모든 말과 행동은 하나의 홀로그램, 즉 "부정적인 것의 단편 안에 전체 영상이 보존되는 레이저 사진술"과 같다고 말했습니다. 예수님은 하나님의 은혜로우신 통치의 본질을 계시해 주며, 인간이 하나님의 뜻의 다스림을 받는 완벽한 사랑의 자유 안에[1]서 살아간다는 것이 어떤 것인지를 보여주기 위해서 세상에 오셨습니다. 예수님은 천국의 생활 방식을 우리에게 보여주시며, 우리로 하여금 예수님 자신이 구현하신 방식을 따름으로써 이 거룩한 삶의 영역에 들어갈 수 있게 해주십니다. 이렇게 그분을 따를 때에 우리는 그분의 제자가 됩니다.

팔복을 천국 생활의 청사진이라고 생각할 수 있습니다. 산상수훈을 예수님의 가르치심의 핵심이라고 본다면, 팔복은 그 핵심 중의 핵심입니다. 이 몇 가지 간결한 진술에서, 예수님은 하나님 나라의 시민을 묘사하십니다. 그분은 서예의 대가처럼 대담한 필치로 그림을 그리는데, 하나하나의 획은 그 자체의 의미 세계를 지니면서도 다른 획들과의 본질적인 관계를 유지합니다. 팔복은 여러 면을 지닌 보석처럼 그 복음서의 중심에 위치하며, 말할 수 없이 심오한 아름다움을 나타내고 암시합니다. 이 말씀을 이해한

다면 그리스도의 핵심적인 가르치심을 이해한 것입니다. 우리가 삶에서 이 말씀을 실현하는 분량만큼 우리는 그 나라의 시민이 되며, 예수님과 함께 그 나라의 특권과 책임의 상속자가 됩니다.

팔복은 하나님의 나라라는 새로운 공동체에 속하게 될 사람들을 위한 "삶의 규칙"을 제공합니다. 삶의 규칙이란 우리가 영적으로 성장하는 데 도움을 얻기 위해서 의도적으로 채택하는 공약들의 패턴입니다. 일반적으로 특별한 수행(修行)들을 특정 태도나 성향의 계발과 결합하면 특정 양식이 형성됩니다. 수행에는 기도, 성경 묵상, 예배, 금식, 봉사 활동 등이 포함될 수도 있습니다. 성향에는 인내, 자비, 관대함, 감사, 기쁨 등이 포함됩니다. 우리의 수행들과 성향들은 서로를 지원해 주고 강화해 줍니다.

팔복은 주로 영혼의 성향, 즉 하나님과 이웃과 자기 자신과 피조 질서를 대하는 내면의 태도에 대해서 말합니다. 팔복은 정신의 태도와 마음의 습관에 대해 언급하는데, 이것들이 결국 우리가 실제로 세상에 존재하는 방식을 결정합니다. 우리 마음에 있는 것에 대한 하나님의 관심이 우리 내면의 인식과 성품 형성을 중요하게 만듭니다. 우리의 말과 행동은 우리 영혼의 성향에 따라 달라집니다. 팔복은 내면 생활의 "규칙"을 지적해 주며, 우리를 하나님 나라로 이끌어 주는 동시에 우리로 하여금 하나님 나라에 적합한 성향을 깨닫고 배양하도록 도와줍니다.

하나님의 나라

인류를 위한 하나님의 꿈(God' s dream)의 중심이며, 그렇기 때문에 예수님의 삶과 사역의 중심인 이 "하나님의 나라", 천국에 대해 더 많이 이야기하는 것이 도움이 될 것입니다. 예수님은 하나님의 통치의 표현이 될 새로운 사회를 예수님 주위에 형성하셨습니다. 이 새로운 사회는 그 당시 인간 공동체에 반드시 필요하다고 생각되었던 것들과 정반대되는 것이었습니다.

예수님 시대의 문화에는 계급적 관계들이 가득했습니다. 노동자들에게는 주인의 부당한 계획을 예방할 힘이 없었기 때문에, 부유한 지주들은 종종 노동자들의 얼마 안 되는 임금을 착취했습니다. 가정에서는 다양한 종류의 하인과 종을 고용했습니다. 이방인 종들에게는 다른 사람의 발을 씻어 주는 것처럼 불명예스럽고 미천한 일을 하도록 하였는데, 유대인이 종이라면 그들에게는 이런 일을 강요할 수 없었습니다. 남자들은 여자들에게 권력을 휘둘렀고, 흔히 여자들은 재산으로 간주되었습니다. 아이들은 그리 귀하게 대하지 않았으나, 남자 아이들은 학교에 다니는 것이 허락되었습니다. 의식적 정결(ritual purity)에 관한 법들은 재산이 많은 사람들이 종교적으로 더 높은 지위를 소유한다는 것을 의미했습니다. 예를 들어 가난한 사람들은 율법에 맞는 정결한 부엌을 위해 필요한 두 벌의 부엌살림을 장만할 수 없었습니다. "죄인"으로 분류된 사회적 소외 계층 집단에는 세리, 간음한 사람, 창녀, 착취자, 우상숭배자, 살인자, 사마리아인들, 이방인들이 포함되어 있었습니다(즉 그 시대의 종교 지도자들이 해석한 이스라엘의 성결 법 밖에 있는 모든 사람들은 죄인으로 분류되었습니다). 유대 문화 내의 계급제도 위에는 나름의 계급 규칙을 가진 로마 정부의 통치가 있었습니다.[2)]

> 예수님의 메시지와 행동은 사회적, 정치적 이 면에 대해 날을 세웠다. 주님은 당시의 사회 질서에 도전하시고 지배층 엘리트들을 고발하셨다.
>
> —Marcus J. Borg

고대 팔레스타인 사회 구조의 기초는 권력과 지배의 구분에 있었습니다. 이런 점에서 예수님 시대의 세계는 현재 우리 시대와 크게 다르지 않았습니다. 우리는 지금도 권력자와 부자들의 지배가 삶의 현실이라고 가정하는 지배 구조 아래 살고 있습니다. 우리에게는 나름대로 세력의 계급 구조를 만들어 내는 방법이 있습니다. 또 우리 나름대로 인종이나 민족, 성이나 나이에 따라서 평가하거나 수입, 교육 수준, 인지도 또는 성공 등에 기초를 두고서 사람들을 평가합니다.

예수님은 그러한 구별에 관심을 두지 않으셨습니다. 예수님은 사회에서의 역할이나 지위에 상관없이 모든 사람의 마음과 영혼에 관심을 가지셨습니다. 예수님은 동일한 자세와 목적을 가지고서 유력한 지도자들과 함께 식사하시고, 또 죄인들과도 식사하셨습니다. 예수님은 로마 백부장의 하인의 병을 낫게 해주시고, 또 매우 가난한 유대인 농부의 병도 낫게 해주셨습니다. 예수님은 존경받는 바리새인 니고데모와 멸시받는 세리 삭개오를 가르쳐 변화시키셨습니다.

예수님이 선포하신 나라는 듣는 사람들이 알고 있었던 나라와 전혀 유사성이 없었을 것입니다. 이 나라는 지배 세력이나 통치하는 엘리트 계층의 이기심에 기초를 두고 기능을 발휘하는 나라가 아니었습니다. 실제로 이 나라의 최고 통치자이신 하나님은 동양의 군주들과 같지 않았고, 그들이 잘 알고 있는 로마 황제와도 같지 않았습니다. 예수님이 말씀하시는 하나님은 가족들을 부끄럽게 만든 탕자가 돌아오기를 참고 기다리는 아버지와 같습니다(눅 15:11-32). 또 하나님은 잔치에 초대받은 사람들이 바빠서 참석할 수 없다고 거절했기 때문에 하인들을 내보내어 가난한 자들과 병신들과 저는 자들과 소경들을 잔치에 참여하게 한 주인과 같습니다(눅 14:15-24). 하나님은 가장 나중에 온 품꾼과 처음에 온 품꾼에게 동일한 삯을 지불한 포도원 주인처럼(마 20:1-16), 가장 비천한 사람에게 깊은 동정심과 특별한 관심과 비상한 관대함을 나타내십니다.

예수님은 사회의 계급 구조를 지지하지 않는 용어로 하나님 나라를 묘사하십니다. 예수님은 하나님 나라를 묘사하기 위해서 여자가 가루 서 말 속에 갖다 넣어 전부 부풀게 한 누룩(마 13:33), 모든 씨보다 작은 것이로되 자란 후에는 나물보다 커서 나무가 되매 공중의 새들이 와서 그 가지에 깃들이게 되는 겨자씨(마 13:31-32) 등 조야(粗野)하고 비천한 상징을 사용하십시다. 하나님의 나라는 위로부터 부과되는 것이 아니라 아래로부터 자라나며, 창조의 중심에서 작용하는 성령의 감추인 비밀로부터 출현합니다. 하나님의 겸손하고 단순한 통치는 남자와 여자, 어른과 아이, 종과 주인 등 모든 사람을 평등하게 합니다. 그곳은 창조 전체를 포용합니다.

예수님의 말씀을 듣는 사람들은 이 평등하게 하는 메시지에 의해 해방감을 느끼고, 그것을 복된 소식으로 받아들였습니다. 마태는 산상수훈을 들으러 온 사람들을 "갈릴리와 데가볼리와 예루살렘과 유대와 요단강 건너편에서 온 허다한 무리"라고 묘사합니다(마 4:25). 실제로 예수께서 "하늘나라의 기쁜 소식"을 전파하시고 온갖 질병을 고쳐 주심에 따라서 예수님의 명성은 신속하게 퍼졌습니다. 예수님의 치유하시는 행동과 하나님 나라의 선포를 병행하셨습니다. 왜냐하면 병 고침은 하나님의 자비하신 현존과 통치의 가시적인 표현이기 때문입니다. "천국이 가까웠느니라"고 하신 예수님의 선포는 예수님 자신에게서 성취되었습니다(마 4:17). 예수님은 하나님의 통치의 구체적인 표현으로서 가난하고 병들고 버림받고 학대받는 사람들, 고결한 유대 시민들이 하나님의 노하심의 대상이라고 생각하는 사람들에게 인기가 있었습니다. 예수님은 임박한 하나님 나라의 사자로서 상습적으로 죄인들과 교제하시고, 부정한 사람들과 접촉하시고 공개적으로 여인들과 대화하시며, 사회적 인습을 규정하는 엄격한 율법을 위반하셨습니다. 이러한 교제 때문에 예수님은 사람들의 주목을 받으셨습

니다. 평민들은 놀라며 예수님을 사모했고, 성난 권력자들은 예수님을 의심했습니다.

병으로 고생하는 사람, 몇 푼 벌기 위해서 고되게 일하는 사람, 항상 무시와 멸시를 당하는 사람들 가운데서 예수님은 설교를 시작하셨습니다. 예수님은 참으로 기쁘고 복된 삶, 사랑 속에서 하나님의 통치에 양도한 삶의 비밀을 그들에게 전하려 하셨습니다. 무척 다양한 가치관과 목적들을 가진 세상에서 훈련된 사람들이 볼 때 예수님의 설교가 항상 복된 길을 말하는 것처럼 보이지는 않았습니다. 그 당시 예수님의 말씀을 들은 사람들이 종종 말씀의 의미를 이해하지 못했듯이, 우리도 그분의 지혜가 우리 시대에 주는 의미를 발견하기 위해서 노력해야 할 것입니다. 그러나 만일 우리도 그 무리 가운데 있던 사람들처럼 우리가 알고 있는 것보다 훨씬 더 좋은 세계에 대한 말씀을 듣고 상상하려는 태도를 갖출 수 있다면, 예수님의 생활 방식이 우리 영혼이 가장 갈망하는 "값비싼 진주"임을 발견할 것입니다.

아마도 우리는 도중에 자신의 "삶의 규칙"이나 생활방식의 일부가 된 복된 성향을 계발하는 방법을 깊이 생각할 준비를 갖추게 될 것입니다. 우리는 피아노 음계를 연습하거나 농구의 슛 연습을 하듯이 겸손, 온유, 관대, 기쁨 등의 태도를 연습할 수 있습니다. 우리가 영적으로 장성하기 위해서 통합된 형태의 의도와 헌신을 하나님께 바치면, 성령께서 점차 우리를 새로운 사회, 즉 하나님 나라의 참된 시민으로 변화시켜 주실 것을 믿을 수 있습니다. 단순히 그 나라가 장래에 완성되는 것이 아니라, 우리가 실질적인 영적 지혜를 간절히 원하며 제자도를 실천하고 있는 이곳에서 지금 이루어질 것을 믿을 수 있습니다.

팔복의 영적 지혜, 그 내면 깊은 곳에는 복음의 핵심을 관통하는 하나의 역설이 있습니다: 온 우주 안에, 그리고 그 배후에 있는 힘은 스스로를 원래의 힘이라고 주장하지 않습니다. 그것은 자신을 포기하는 겸손과 사랑 안에 계시됩니다. 예수님은 자기를 비우시는 하나님의 사랑의 변화시키는 능력을 우리에게 보여주십니다. 예수님은 "근본 하나님의 본체시나 하나님과 동등됨을 취할 것으로 여기지 아니하시고 오히려 자기를 비어 종의 형체를 가져 사람들과 같이" 되셨습니다(빌 2:6-7).

자신에게서 상대방을 향해 나아가는 것이 사랑의 본질입니다. 기독교의 영성 생활이란 사랑에서 비롯되어 자기를 비우는 일에 그리스도와 함께 참여하는 것을 의미합니다. 팔복의 각각은 자기를 비우시는 그리스도의 사랑에 참여하는 방법을 말해 주고 있습니다. 기독교의 영성 생활은 영(마음; πνε?μα)의 가난과 더불어 시작됩니다. 이 복은 온전히 해석하기는 어렵지만, 그럼에도 불구하고 모든 것의 기초가 됩니다. 영(마음)이 가난하지 않으면 하나님 나라에 들어갈 수 없습니다. 영의 가난이라는 복된 기초 위에서 팔복들은 통합되어 "그 나라로 올라가는 계단"이 됩니다.[3)]

당신은 예수님의 위대한 가르치심의 도전을 받고 축복을 받을 준비가 되어 있습니까? 그렇다면 영적 동반자들과 함께 팔복을 다루는 이 여정을 시작하십시오. 이 세상에 속한 것을 많이 잃겠지만, 하늘나라 전체가 우리의 것이 될 것입니다.

매일의 과제

이번 주의 본문은 우리로 하여금 하나님께서 초대하시는 복된 생활을 우리에게 소개해 주시는 하나님의 크신 사랑과 선한 뜻을 생각하게 해줍니다. 매일의 과제를 행하기 전에 먼저 제1주의 본문을 다시 한번 읽으십시오. 다음의 과제들을 시작하면서, 떠오르는 생각과 느낌과 질문을 기록할 수 있도록 일지를 준비하십시오. 이렇게 기록한 것들은 매주 소그룹 모임에서 당신이 통찰한 것들을 발표할 준비를 하면서 매일의 경험을 되살리는 데 도움이 될 것입니다. 각각의 과제를 준비할 때, 잠시 잡다한 생각들을 버리고 정신을 집중하십시오. 당신의 정신과 영혼이 안정을 찾으면 각각의 과제가 요구하는 것을 충분히 행할 수 있을 것입니다.

과제 1: 복이 되려면 복을 받으십시오

창세기 12:1-3을 읽으십시오. 하나님은 아브람과 사래에게 복을 주셔서 그들이 "땅의 모든 족속"에게 "복"이 되게 하셨습니다. 잠시 당신이 받은 복을 세어 보십시오. 당신이 아브람과 사래와 같이 살았다면 복을 받는 수단이 되었던 사람들의 이름을 열거해 보십시오. 각각의 이름 옆에 당신이 받은 복을 기록해 보십시오.

기억을 되살리면서, 당신의 삶에서 하나님이 어떻게 현존해 오셨는지 생각해 보십시오. 하나님께서 당신을 축복해 오신 목적은 무엇입니까? 어떤 의미에서 당신의 삶을 "복이 되기" 위해 복을 받은 삶으로 묘사하렵니까? 생각한 것들을 기록하십시오.

과제 2: 하나님의 임재와 목적이라는 복

마태복음 3:13-17을 읽으십시오. 예수님은 요한의 사역을 통해서 중요한 방식으로 하나님의 현존과 약속의 복을 경험하셨습니다. 즉 예수님의 정체성과 삶의 목적을 확인하셨습니다. 하나님께서 거룩한 임재나 목적을 의식하게 하심으로써 당신에게 복을 주시는 통로가 된 거룩한 순간이나 특별한 경험 한두 가지를 열거해 보십시오. 각각의 경험으로부터 받은 은사는 무엇입니까?

과제 3: 그리스도의 부르심을 새롭게 들으십시오

마태복음 4:18-22을 읽으십시오. 예수님은 일상생활과 일에 몰두해 있는 제자들을 부르셨습니다. 당신은 언제, 어디에서 그리스도를 따르라는 부르심을 처음으로 기억하게 되었습니까? 당신의 인생 여정을 간단히 작성해 보십시오(초기, 중기, 최근). 그리고 그리스도의 부르심이 당신에게 전해진 시기를 표시하십시오. 그 때에 들려온 것과 그것에 대한 반응을 기록하십시오.

인생의 이 시점에서 당신이 그리스도의 부르심을 어떻게 들어야 할지 생각해 보십시오. 다음의 문장을 완성해 보십시오: "나를 따르라. 그러면 내가 너를 ______________________가 되게 하리라." 이제 당신의 삶에서의 그리스도의 부르심과 약속에 대한 생각을 기록하십시오.

과제 4: 예수께서 축복하시는 것에 대한 확신

마태복음 5:1-10을 읽으십시오. 여덟 가지 중 가장 당신의 마음에 드는 복을 일지에 적어 보십시오. 당신은 어떤 복을 받고 그 안에서 자라기를 원합니까? 또 당신으로 하여금 주저하게 하는 복은 어떤 것입니까? 팔복 중에서 당신이 두려워하거나 거부하거나 의심하게 하는 것은 무엇이라고 생각합니까? 팔복 중에서 더욱 더 커지기를 원하는 복은 무엇입니까?

영성 일지 한 면의 중간에 세로로 선을 그으십시오. 왼쪽에는 "세상이 주는 복"이라고 쓰고, 오른쪽에는 "하나님께서 주시는 복"이라고 제목을 쓰십시오. 왼쪽에는 예수님은 축복하지 않으시지만 우리 문화가 축복하는 것들을 적으십시오. 그 다음에는 예수께서 "복이 있나니"라고 하신 것을 생각하면서, 생각한 것들을 오른쪽 칸에 적으십시오.

당신이 작성한 목록을 깊이 생각해 보십시오. 어느 쪽에 기록한 것이 현재 당신의 상태를 보다 정확하게 나타낸다고 생각합니까? 당신이 어디에서 동시에 두 방향으로 가려고 하는지 살펴보십시오. 이제 정직하게 당신 자신을 들여다보십시오. 예수님은 당신에게서 보시는 어떤 것을 칭찬하실까요? 당신 안에서 새로운 것을 불러일으키시는 예수님의 부르심을 어디에서 듣습니까? 성령이 인도하심에 따라서 기도하십시오. 생각한 것들을 일지에 기록하십시오.

과제 5: 하늘나라가 가까이 왔음을 찬송하십시오

마태복음 4:17을 읽으십시오. 예수께서 처음 하늘나라를 선포하신 것은 예수님의 사역 전체, 가르침과 활동의 요지를 반영합니다. 그 메시지를 당신 자신의 말로 표현한다면 어떻게 될까요? 하나님의 나라가 가깝다는 것이 당신에게 어떤 의미를 주는지 보여주는 상징은 무엇일까요? 일지에 그 상징을 그려 보십시오.

예수께서 하늘나라가 가까이 오고 있음을 보시고 찬양하신 것을 보여주는 실마리로서 팔복을 깊이 생각해 보십시오. 지난 한 주 동안 언제, 어디에서 하늘나라가 당신에게 가까이 왔습니까? 한 주간의 하루하루를 돌이켜 보고, 성령께서 당신의 마음을 하나님 나라의 가까움에 대해 개방하게 하시는 것을 허락하십시오. 그리고 생각한 것들을 기록하십시오. 그중 하나를 선택하여 당신이 보고 느낀 것을 보다 완전히 탐구하십시오. 그것을 경험하면서 하나님 나라의 가까움에 대해 감사의 기도를 드리십시오.

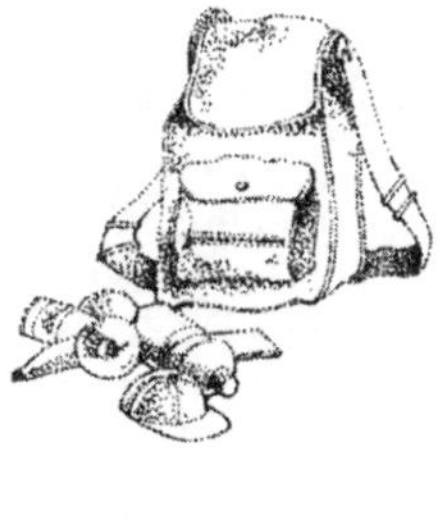

제2주

영적 가난 끌어안기

"심령이 가난한 자는 복이 있나니 천국이 저희 것임이요."

여러 해 전에 내 어머니는 이 복에 대해 혹평을 하신 적이 있었습니다. 어머니에게는 이 복이 전혀 의미가 없었습니다. 어머니는 "왜 예수님은 '영적으로 부족한' 사람들을 칭찬하려 하시는가?"라고 말씀하셨습니다. 플로라 웰너(Flora Wuellner)는 "심령이 가난한"이라는 표현은 "생기가 없고 무능하고 기운이 없는 피해자"라는 이미지를 연상하게 하는 대단히 잘못된 번역이라고 말합니다.[1] 예수께서 "심령이 가난한 자"라고 말씀하신 것은 어떤 의미였을까요? 이 복은 해석하기가 가장 어려우며, 어떤 해석은 그리 도움이 되지 못할 수도 있습니다.

예를 들어, 어떤 사람들은 이 복이 우리의 도덕적/영적 가난을 언급한다고 주장합니다. 우리는 종종 "물질에 있어서는 부유하지만 영에 있어서는 가난합니다." 우리는 하늘나라의 목표를 상실할 위험을 무릅쓰고 이 세상의 물질에 초점을 둡니다. 어느 영적

> 성령은 은사를 주시는 분이라고 불린다. 그러나 자신의 깊은 가난을 인정하는 사람들만이 이 소중한 활동을 느낄 수 있다.
> —Evelyn Underhill

작가는 "손에 물건을 가득 쥐고 있으면 마음이 비어 있다는 것을 망각하는 데 도움이 된다"고 말했습니다.[2] 영적 가난에 대한 이러한 이해는 주로 온갖 형태의 인간의 죄를 언급합니다.

우리의 도덕적/영적 파산은 인간의 상황에 대한 참된 진리를 나타내주며, 분명히 일종의 영적 가난의 형태로 간주될 수 있습니다. 그러나 예수님은 그러한 상태를 복되다고 하시지 않았을 것이며, 또 그것을 하나님 나라에 들어가는 입구로 제시하지도 않으셨을 것입니다. 그밖에 이 복에 대한 어떤 해석들이 있습니까?

어떤 사람들은 심령이 가난하다는 것이 금전욕으로부터 자유한 것을 의미한다고 생각합니다. 이것은 영의 가난을 삶의 단순함과 재물의 "안전"에 의존하지 않고 감사하는 마음과 연결합니다. 또 어떤 사람들은 내면 생활이 항상 외부 환경과 직접적으로 일치하지는 않으므로, 우리가 물질적으로 풍요한 가운데서도 내면적으로 가난한 영을 계발할 수 있다고 여깁니다. 이러한 관점들은 도움이 되기는 하지만, 그리 만족한 해석은 아닙니다.

세속적인 침례교 설교자요 학자인 클래런스 조던(Clarence Jordan)은 "사람들이 하늘나라에 들어가는 것을 방해하는 것은 부도 아니고 가난도 아니며, 교만이다"[3]라고 주장합니다. 그의 말은 일리가 있지만, 교만이 천국에 들어가는 것을 방해하는 유일한 죄는 아닙니다. 수치심에서 생겨난 자기 혐오와 절망은 사랑하지 못하게 하는 효과적인 장애물들입니다. 우리의 교만과 자기비하라는 죄를 알면, 우리에게 하나님의 깨끗하게 하시고 치유하시는 은혜가 필요하다는 것을 기억하게 됩니다.

그러나 비록 우리가 죄인이 아니라 해도, 우리의 삶과 행복은 완전히 하나님께 의존할 것입니다. 이런 의미에서 하나님 앞에서 우리의 가난은 진실로 인간적인 상태가 되는 데 반드시 필요한 열쇠입니다. 아마, 이제 우리는 예수님께서 "심령이 가난한 자는 복이 있다"는 말로 팔복을 시작하신 이유를 조금이나마 이해할 수 있을 것입니다. 심오한 의미에서, 영의 가난은 그 뒤를 따라는 모든 복의 기초, 즉 하나님 나라의 시민이 되기 위한 중요한 기초입니다.

예수님은 항상 하나님을 의지하며 살지 않으셨던가? 예수님의 존재 자체가 아버지의 신비한 뜻 안에 감추어져 있지 않았는가?
—Johannes Baptist Metz

영적 가난: 근본적으로 하나님을 의지함

어느 위대한 기독교 철학자는 모든 인간에게는 하나님이 만드신 공간이 있는데, 그것은 하나님만이 채워 주실 수 있다는 말을 했습니다. 우리는 본질적으로, 그리고 우리 스스로는 완전하지 못합니다. 영적으로 말해서 "인간의 삶은 근본적으로 의지할 것이 없습니다."[4] 우리는 자력으로 만든 것이 아닙니다. 우리의 정체성과 목적의 근원은 우리 자신이 아니라 하나님에게 있습니다. 우리 자신은 의심과 불만 때문에 침착하지 못하고, 육체적으로나 정신적으로, 그리고 정서적으로 유한합니다. 우리의 세상에서의 삶은 불확실하고 불안정합니다. 우리의 삶은 사고나 폭력, 자연재해, 또는 우리 육신의 드러나지 않은 연약함 때문에 돌이킬 수 없이 바뀔 수 있고, 한순간에 우리에게서 떠나갈 수 있습니다. "우리는 모든 피조물 중에서 가장 보잘것없고 불완전합니다. 우리는 항상 능력 이상의 것을 원하며, 길을 잃고서야 비로소 자신을 발견합니다."[5] 인간 생활의 섭리적 특성을 받아들이기는 어렵습니다. 그러나 하나님이 중심에 계시지 않으면, 우리는 하나님이 우리를 지으실 때에 의도하신 존재가 될 수 없습니다. 다시 말해서 참된 인간이 될 수 없습니다.

이 근본적인 가난에 있어서 예수님은 우리의 가장 위대한 교사가 되십니다. 예수님은 인간으로서 완전히 하나님을 의지하는 본보기가 되십니다. 예수님은 자신에게 능력, 가르칠 말씀, 제공할 지혜가 있다고 주장하시지 않고 모든 것이 하늘 "아버지"에게 속한다고 말씀하십니다. "내가 진실로 진실로 너희에게 이르노니 아들이 아버지의 하시는 일을 보지 않고는 아무것도 스스로 할 수 없나니 아버지께서 행하시는 그것을 아들도 그와 같이 행하느니라"(요 5:19). "네가 어찌하여 나를 선하다 일컫느냐 하나님 한 분 외에는 선한 이가 없느니라"(막 10:18).

그리스도 안의 거룩한 가난과 겸손의 깊이는 아마 빌립보서에서 가장 훌륭하게 표현되어 있는 듯합니다: "그는 근본 하나님의 본체시나 하나님과 동등됨을 취할 것으로 여기지 아니하시고 오히려 자기를 비어 종의 형체를 가져 사람들과 같이 되었고"(빌 2:6-7). 예수님은 영적 가난의 참된 의미를 우리에게 보여주십니다: 그것은 인간에게 부여되는 모든 능력의 근원인 하나님의 은혜롭고 강력한 사랑을 거리낌 없이 성숙하게 받아들이고 의존하는 것입니다. 실제로 예수님의 사역의 힘과 변화시키는 효력은 그분의 의지를 기꺼이 하나님의 뜻에 복종시키는 데서 옵니다.

이 가난이 취하는 각각의 형태는 하나님께서 우리에게 주시는 가능성이다…그것들은 하나님께서 우리에게 건네시는 성배이다.
—Johannes Baptist Metz

우리의 가난 끌어안기

우리가 완전한 인간이 되려면 하나님이 능력을 주셔야 한다는 의미에서 우리는 모두 영적으로 가난합니다. 그러나 이 가난을 소유하고 환영하기는 어렵습니다. 영의 가난은 개인적인 가치에 대한 세속적인 의식과 자아에서 생겨난 독창성에 대한 환상들을 위협합니다. 우리는 "영적으로 부유하여" 다른 사람들에게 전달해 줄 지혜와 지식과 진리를 소유하는 편을 선호할 것입니다. 물론 이따금 우리는 사람들에게 전해 줄 지혜와 지식을 소유하지만, 이러한 진리들은 완전히 독창적인 것이 못됩니다. 그것들은 선물들로서 우리 자신과 다른 사람들의 경험에 스며들거나, 또는 우리를 초월하는 어떤 신비한 근원으로부터 나오는 통찰들입니다. 우리의 존재와 소유는 모두 선물입니다.

우리의 결점과 한계들은 여러 가지 상이한 방식으로 분명히 드러납니다. 때때로 우리는 삶이 부과하는 것에 압도됨을 느낍니다. 일이나 가정에서의 책임이 한꺼번에 쌓일 때, 우리는 비참하게 "화불단행"(禍不單行)이라고 말합니다. 때때로 우리는 하루를 무사히 보낼 수 없다거나 한 주 동안 우리에게 기대되는 것을 행할 수 없다고 생각합니다. 최근 일 년 동안 우리 부부는 두 가지 일에 전임으로 종사하는 것 외에도 늙은 부모님들을 모셔야 하는 일과 몇 차례의 이사로 인해 세월 가는 줄 모르게 바삐 지냈습니다. 그러나 많은 친구들과 동료들의 기도 덕분에 우리에게는 은혜가 충만했습니다. 그동안 나는 시간, 에너지, 인내, 대처하는 능력 등에 있어서 나에게 부족함이 많다는 것을 깨달았습니다. 특히 나는 자신을 비우고 하나님께 나아가 소망과 신뢰 안에서 나의 연약함을 하나님께 바치며, 매일매일 필요한 힘과 은혜를 요청했습니다. 하나님은 나에게 은혜를 주셨습니다. 때로는 숨이 막힐 정도로 엄청난 은혜를 주셨습니다. 그러면서도 매일 매일은 내가 본질적으로 하나님을 의존해야 한다는 것을 받아들일 새로운 기회를 제공했습니다.

영의 가난은 여러 가지 형태를 취합니다. 만일 당신 자신의 지성, 기술, 에너지, 자제력에 의존함으로써는 하나님이 원하시는 일을 행할 수 없다는 것을 발견한 적이 있다면, 당신은 자신의 영적

가난의 일면을 직면한 것입니다. 주디 캐나토(Judy Cannato)는 자신이 청력을 상실한 것을 하나님의 음성을 깊이 경험하게 이끌어 준 일종의 영적 가난이라고 여겼습니다. 정신 장애를 가진 자녀를 키우는 어느 홀아비는 자신의 에너지와 지혜의 한계가 자신이 속한 신앙 공동체로 하여금 돌봄의 후원 사역을 발휘하게 하는 계기가 되었음을 깨달았습니다. 우리 모두는 살아가면서 여러 종류의 가시적인 장애나 능력의 쇠퇴를 경험합니다. 그러나 이것들은 하나님께서 우리의 가난을 풍성한 은혜의 경험으로 변화시키신다는 것을 발견하는 기회일 수 있습니다. 캐나토는 청력 상실을 인정하고 받아들임으로써 하나의 즐거운 역설을 경험할 수 있었습니다: "나의 청력 상실은 나에게 가장 위대한 보청기가 되었습니다."[6] 우리는 하나님께서 제공하시는 한계라는 특별한 성배(聖杯)를 흔쾌히 인정하고 받아들일 수 있습니까? 우리는 자신의 영적 가난 안에서 어떤 역설을 발견할 수 있을까요?

초대

> 거룩하라는 요청은 거리낌 없이 무가 되라는 것, 하나님께서 우리를 사용하실 수 있도록 가난하게 되라는 요청이다.
>
> -Edward Farrell

이제 우리 앞에는 다음과 같은 질문에 놓여 있습니다: 우리는 하나님에 대한 깊은 욕구를 받아들일까요? 우리의 유한한 삶을 하나님이 부어 주시는 은혜를 받을 수 있는 기회로 여겨 받아들일까요? 우리가 겸손하게 신뢰하면서 하나님의 신비(Mystery)를 받아들인다면, 주님이 "너희가 돌이켜 어린아이들과 같이 되지 아니하면 결단코 천국에 들어가지 못하리라"고 말씀하시면서 제자들 가운데 세우신 어린아이처럼 될 것입니다. 믿고 의지하면 우리는 하나님의 사랑의 영역, 교만한 자만심이나 절망적인 자기비하가 거주할 수 없는 영역에 들어갈 수 있습니다. 여기에 모든 참된 축복과 능력 부여의 근원이 있습니다.

우리의 영적 가난은 다음과 같은 즐거운 역설을 지닙니다. 하나님의 충만이 우리의 공허를 통과하여 흐를 수 있습니다; 우리의 연약함 안에 하나님의 능력이 나타날 수 있습니다; 우리의 부족함 안에서 은혜가 족합니다. 영의 부유함은 우리의 필요와 수용성에 따라서 후히 주시는 하나님에게 속한 것입니다. 우리는 하나님의 은혜를 완전히 의존하면 우리가 작아지는 것이 아니라, 오히려 피조될 때 지녔던 원래의 하나님의 형상이 강화된다는 것을 발견합니다. 따라서 우리의 영적 가난을 통해서 은혜가 방해를 받지 않고 빛나기 때문에 영적 가난은 우리의 영광이며, 또 우리 각 사람이 피조될 때 의도된 독특한 렌즈를 통해서 하나님이 영광을 받으십니다.

이 깊고 기분 좋은 진리를 알고 실천한다면 우리는 곧바로 하나님의 은혜로우신 통치권 안에 놓입니다. 예수님은 "네가 통제나 무력함이라는 망상들을 버리고 하나님에 대한 갈망을 받아들인다면, 하나님이 가지고 계신 모든 것이 너에게 개방될 것이다"라고 말씀하십니다. 우리의 욕구를 인정하고 생명을 주시는 하나님의 선물들을 받아들일 때, 우리는 하나님이 다스리시는 영역에 들어갑니다.

매일의 과제

제2주 "영적 가난 끌어안기"를 읽고 묵상하십시오. 매일의 과제를 행할 때에 당신의 삶에서 영적으로 가난한 곳이 어디인지, 그리고 당신 자신을 비우라고 하나님께서 요구하시는 곳이 어디일지 발견하려는 마음을 가지십시오. 매일 묵상을 준비할 때에 몇 분 동안 정신을 집중하십시오.

과제 1: 예수님의 말씀 듣기

마태복음 4:23~5:3을 읽으십시오. 그 장면을 관찰하고, 예수께 온 사람들의 가난의 여러 가지 형태에 주목하십시오. 당신이 가난한 부분은 어느 곳입니까? 당신은 무엇이 필요해서, 또는 무엇을 원해서 예수께 나아왔고, 또 이 소그룹 과정에 참여했습니까?

잠시 예수님의 축복을 생각하십시오. 그분의 말씀을 되새겨 보십시오. 복음서 기자들의 말에 의하면, 예수님은 다른 장소에서 "무리를 보시고 민망히 여기셨습니다"(마 9:36; 14:14). 그러므로 여기에서 예수님의 복이 "가난한 자"(눅 6:20)와 "심령이 가난한 자"(마 5:3)를 향한 하나님의 긍휼하신 마음에서 나오는 것으로 여겨 경청하십시오. 머리로 듣고 마음으로 들으십시오.

이 복을 당신의 마음에 드는 방식으로 자신의 표현으로 고쳐 써 보십시오. 당신에게 중요한 것은 어느 것입니까? 요즈음 당신이 관심을 기울이는 사람들에게 영향을 미치고 격려가 되는 것은 어느 것입니까?

몇 분 동안 기도하십시오. 모든 축복의 근원이신 하나님께 완전히 수용적인 자세를 취하십시오. 손을 벌리고 당신의 욕구, 특히 이 소그룹 모임과 관련하여 지닌 욕구를 하나님 앞에 가져가십시오. 당신의 기도의 핵심이 되는 것을 기록하십시오.

과제 2: 하나님을 의지하는 법을 배우십시오.

시편 131편을 읽으십시오. 이 시편은 "젖 뗀 아이가 그 어미 품에 있음같이" 겸손히 신뢰하면서 하나님 앞에 나아옴으로써 하나님 안에서 쉬라고 우리를 초대합니다. 이 시편을 읽고서, 하나님께 완전히 열린 마음을 가지고 가난한 심령으로 기도하십시오.

각 절을 기도하는 마음으로 되풀이하여 읽고 깊이 묵상하십시오. 잠시 하나님과 함께 각 절에서 요구하는 자세를 취하십시오. 이런 식으로 시편을 가지고 몇 분 동안 기도하십시오.

이따금 기도를 중지하고 하나님과 직접 대화하십시오. 묵상하면서 떠오른 선입견들을 하나님께 말씀드리십시오. 특히 당신을 붙들어 주시는 하나님을 응시하십시오. 이렇게 하면서 경험한 것을 기록하십시오.

과제 3: 어린아이처럼 되십시오

마가복음 10:13-16을 읽으십시오. 당신이 알고 있는 어린아이의 얼굴을 떠올려 보십시오. 오늘 기회가 있으면 어린아이들을 지켜보거나 그들과 함께 시간을 보내면서, 심령이 가난하여 "하나님의 나라를 어린아이와 같이 받는다"는 의미에 대해서 그들로부터 무엇을 배울 수 있을지 생각해 보십시오.

기도하면서, 당신 자신을 예수님 앞에 데려간 어린아이라고 상상하십시오. "어린아이들의 내게 오는 것을 용납하라"고 하신 예

수님의 초대를 듣고 응답하십시오. 예수님으로 하여금 당신을 안고 안수하시고 축복하시게 하십시오. 당신의 현재 모습 그대로 예수님의 사랑을 받는 시간을 향유하십시오.

이 축복을 누군가 다른 사람에게 전할 수 있는 방법을 생각해 보십시오. 그 대상은 누구입니까? 이것을 그를 위해 기도하는 방법으로 사용하십시오. 경험한 것을 일지에 기록하십시오.

과제 4: 하나님과 함께 거하십시오

누가복음 18:9-14을 읽으십시오. 예수님은 영적으로 가난한 사람과 교만한 사람을 예리하게 대조하십니다. 당신의 내면에서 이 두 가지 인물들을 볼 수 있는 영역이 어디인지 살펴보십시오. 예를 들어 당신이 표면적으로는 영적인 행동을 하지만 내면적으로는 그렇지 못한 부분, 바리새인과 같은 부분이 어디입니까? 다른 사람들의 판단에 의하면 세리처럼 자신의 인생을 엉망으로 만들었지만 하나님의 도움이 필요하다는 것을 안다는 점에 있어서, 당신은 어느 면에서 세리를 닮았습니까?

이 이야기의 어디에서 어떻게 당신 자신을 발견하는지에 대해 일지에 기록하십시오.

세리와 함께 기도하십시오. 이 기도는 마가복음 10:46-52에 기록된 바디매오의 기도와 함께 고대 예수기도의 성경적 기초를 형성합니다: "하나님이여, 불쌍히 여기시옵소서. 나는 죄인이로소이다." 몇 분 동안 세리의 기도를 낭송하면서 당신 자신을 위한 "호흡기도"(breath prayer)를 작성하십시오. "하나님이여, 불쌍히 여기시옵소서. 나는 죄인이로소이다"라고 말할 때에, 당신이 선호하는 거룩한 이름으로 하나님을 부르고 당신의 욕구를 상세히 표현하기 위해서 이 간단한 기도를 마음껏 자유로이 변형시키십시오

(예를 들면 "하나님, 나를 불쌍히 여기옵소서"; "예수님, 내게 당신의 평안을 주십시오"; "주님, 내게 길을 보여 주십시오"; "구주여, 목자처럼 나를 인도해 주십시오"; "주님, 당신의 임재를 나에게 알려 주십시오"). 간단하고 기억하기 쉽게 기도문을 만드십시오. 이제 몇 분 동안 그 기도를 가지고 하나님 앞에 나아가는 연습을 하십시오.

당신이 호흡기도를 작성하여 실천한 경험에 대해서 기록하십시오.

과제 5: 하나님을 위한 공간을 만드십시오.

빌립보서 2:1-11을 읽으십시오. 사도 바울은 이 고대의 찬송에서 예수께서 근본 하나님의 본체시나 하나님께 순종하여 영적으로 가난하게 되셨다는 역설을 찬양합니다.

예수님의 삶과 정신을 회상해 보십시오. 당신은 어디에서 예수께서 자기를 비어 종의 형체를 가져 사람들과 같이 되시는 것을 봅니까?

그리스도께서 제공하시며 함께 공유하자고 초대하시는 삶을 위한 공간을 만들기 위해서 당신이 비워야 할 곳은 어디입니까? 이 구절을 다시 읽어 보십시오. 그런 후에 6-8절을 경건하게 깊이 묵상하십시오. 당신의 마음을 들여다보면서 하나님의 크신 선물과 부르심을 위해 공간을 만들어야 할 장소, 그리고 그 방법을 찾아보십시오. 당신이 하나님을 위해 그러한 공간을 허락할 때에 당신에게 넘쳐흐를 수 있는 능력 있는 삶을 상상해 보십시오.

이 과제를 행하면서 느낀 것들을 일지에 기록하십시오.

다음 소그룹 모임을 위해서 일지에 기록한 것들을 검토해 보십

시오.

제3주

슬픔의 눈물, 은사의 눈물

"애통하는 자는 복이 있나니 저희가 위로를 받을 것임이요."

나는 예수님의 가족이 죽은 일이 있는지, 그리고 그 때의 느낌이 어떠했을지 알고 싶습니다. 석 달 전에 사랑하던 이모를 유방암으로 잃은 열살짜리 린지는 슬픔에 잠겨 있었습니다. 린지의 주일학교에서는 팔복을 암송해 왔는데, 그 아이는 "애통하는 자는 복이 있나니 저희가 위로를 받을 것임이요"를 도저히 이해할 수 없었습니다. 린지는 "나는 예수님이 애통하는 자가 복이 있다고 말씀하시는 이유를 이해할 수 없습니다. 그리고 나는 전혀 위로를 느끼지 못하고 있어요"라고 말했습니다.

> 인간이 자신의 처지를 생각한다면 눈물 없이는 살 수 없다.
> —Gregory of Nyssa

린지의 의견은 이 복의 외견상의 불합리성을 선명하게 드러냅니다. 깊은 슬픔으로 인해 오랫동안 마음 아픈 공허함을 경험해 본 사람은 그것이 결코 복된 것이 아님을 압니다. 실제로 어떤 종류의 위로도 슬픔을 적절히 완화해 주지 못할 것입니다. 그러나 예수님의 말씀은 우리로 하여금 쉽게 겉으로 드러나지 않는 의미를 찾아보라고 요구합니다. 우리 주님의 가르침들은 종종 여러 차원의 의미들을 지닙니다. 우리의 애통 안에는 어떤 축복의 가능성들이 숨겨져 있습니까?

슬픔의 눈물

가장 흔한 애통의 경험은 죽음으로 사랑하는 사람을 잃는 데서 옵니다. 실제로 성경에서 "애통"을 의미하는 히브리어와 헬라어는 종종 어떤 사람의 죽음의 결과로서 발생한 슬픔과 관련된 개인적인 감정이나 공동체의 의식을 언급합니다.

사랑하는 사람이 죽으면 우리는 큰 슬픔에 사로잡힙니다. 그 초기 단계의 특징은 충격, 무감각, 죽었다는 사실을 믿지 못함 등입니다. 무감각의 단계가 지나면, 돌이킬 수 없는 상실의 고통이 임합니다. 눈물이 끝없이 흐르며, 정서적으로 우리를 압도하려 합니다. 깊은 슬픔은 깨어날 수 없는 악몽처럼 온갖 것을 포함하는 것을 피할 수 없게 됩니다. 거기에는 안전감의 상실, 혼미, 불면을 동반하는 극도의 피로, 버림받았다는 의식, 또는 믿음이 크게 흔들리는 상태 등이 포함될 수도 있습니다. 우울과 절망도 흔히 나타납니다. 심지어 예상했던 죽음도 우리를 놀라게 합니다. 생사의 갈림길은 정말 신비한 것입니다.

시간이 흐르면서 극심한 슬픔은 감소되지만, 이따금 다시 솟아올라 우리를 압도합니다. 내 친구 한 사람은 자기 아버지가 돌아가시고 나서 몇 달 후에도 자신이 갑작스레 슬픔에 사로잡히곤 한다는 말을 해 주었습니다: "마치 해안을 바라보면서 바다 속에 서 있는데, 큰 파도가 뒤에서 다가와 덮치는 것 같아. 나는 그 파

도가 다가오는 것을 보지 못하지." 고인과 관련된 광경, 음악, 냄새 등을 접하기만 해도 다시 슬픔의 파도에 잠깁니다. 그러한 슬픔은 오랫동안 지속되는 고통으로서, 우리가 생각하려는 축복과는 전혀 다른 것입니다.

위로의 경험들

슬퍼하는 사람들은 그러한 고통에도 불구하고 종종 자신이 입은 손실과 직접 관련된 축복들을 확인할 수 있습니다. 종종 거론되는 하나의 축복은 가족과 친구들, 이웃과 동료들의 지원입니다. 하나님은 때때로 우리가 가는 길에 약간의 은혜를 제공하는 사람을 두시는데, 때로는 완전히 낯선 사람이 그 역할을 하기도 합니다. 우리는 위기에 처했을 때에 말이나 손, 눈으로 표현되는 평범하고 작은 돌봄의 몸짓을 소중히 여기는 법을 배웁니다. 슬픔을 당한 가정에게 냄비에 준비된 음식을 가져다주는 전통을 천박하게 여기던 교수가 있었습니다. 그는 아내가 죽었을 때에, 그 전통이 얼마나 의미 있고 위로가 되는지 발견했습니다. 육체적으로나 정신적으로 지쳐 있을 때에 가져다주는 음식을 받는 데서 오는 육체적/정서적 도움은 하나님의 환대와 은혜의 상징이 됩니다. 그리하여 그 교수는 "냄비 요리" 신학을 전개했습니다.

말로 표현할 수 없는 상실을 당하고 슬퍼하는 사람에게는 그저 다른 사람이 함께 있어 주는 것만으로도 큰 위로가 됩니다. 종종 신자들은 선의에서 슬픔을 당한 사람들을 "그것이 하나님의 뜻이었을 것입니다" 또는 "하나님은 당신의 어린 딸을 천국의 천사로 만들고 싶어 하셨을 것입니다" 등 진부한 말로 위로하려 합니다.

> 우리에게 순전한
> 겸손이 느슨해지는 것은
> 슬픈 일이다.
> —Walter Wangerin

그러나 하나님의 의도를 설명하려는 시도는 슬픔을 당한 사람에게 그리 도움이 되지 못합니다. 그러나 슬픔을 당한 사람을 찾아와서 함께 울어 주는 사람에게 복이 있을 것입니다. 슬픔을 당한 사람의 고통에 동참해 주는 것은 그로 하여금 덜 외롭게 하고 위로받게 합니다.

슬퍼하는 사람이 거론하는 또 다른 범주의 축복은 새로운 관점의 슬픔입니다. 우리는 사랑하는 것을 잃음으로써 갑자기 인생에서 매우 중요한 것에 대한 새로운 관점을 대면하게 됩니다. 2001년 9월 11일 테러로 인해 사랑하는 사람을 잃은 많은 사람들은 인생에서 중요하게 여기는 것들의 순위를 바꾸게 되었습니다. 나는 라디오 방송에서 어느 여인이 이제까지 자신의 목표였던 재산을 모으는 일이 갑자기 무의미하게 여겨진다고 말하는 것을 들었습니다. 엄청나게 많은 사람들의 죽음 앞에서, 그 여인은 근본적인 내면의 변화를 겪은 것입니다. 그 여인은 이에 사랑의 관계를 강화하는 것을 중시하면서 자신에게 주어지는 모든 것을 당연한 것으로 여기지 않고 하루하루 감사하면서 살아갑니다.

사랑하는 사람의 죽음은 건전한 자기 성찰의 자극제가 될 수 있습니다. 중요한 관계를 영원히 상실함으로써, 우리는 자기 자신을 보다 분명히 바라볼 수 있습니다. 우리는 자기 중심적인 생활방식들과 우리를 미치게 만들곤 했던 고인의 버릇이 지닌 진정한 가치를 파악할 수도 있습니다. 때로 우리는 매우 성숙해지기도 하는데, 만일 사랑하는 사람이 죽지 않고 살아 있었다면 그러한 성숙함은 발생할 수 없었을 것입니다. 종종 우리가 때늦게 파악하게 되는 성장 안에 축복이 임합니다.

비탄 속에서 주어지는 세 번째 범주의 축복은 믿음의 위로입니다. 기독교 신앙은 삶, 죽음, 의미 등에 대해 많은 것을 말해 줍니다. 믿음을 가진 사람들에게는 독특하고 강력한 약속들이 주어집

니다: "내가 사망의 음침한 골짜기로 다닐지라도 해를 두려워하지 않을 것은 주께서 나와 함께하심이라"(시 23:4). "나는 부활이요 생명이니 나를 믿는 자는 죽어도 살겠고"(요 11:25). "가서 너희를 위하여 처소를 예비하면 내가 다시 와서 너희를 내게로 영접하여 나 있는 곳에 너희도 있게 하리라"(요 14:3). "죽은 자들이 썩지 아니할 것으로 다시 살고 우리도 변화하리라"(고전 15:52).

그러나 우리가 그러한 약속들의 유익을 받기 전에도, 상실을 경험하고 있을 때에 믿음은 축복을 가져옵니다. 죽음이라는 실체와의 대면은 우리를 하나님의 자비와 은혜 앞에 가져갑니다. 그것은 자기 의존의 망상, 우리에게 주어진 인생은 우리가 제어할 수 있다는 주제넘음을 제거합니다. 죽음은 잠재적인 믿음의 위기를 제시합니다. 우리는 하나님의 실재와 선하심을 단념하거나, 아니면 눈에 보이지 않지만 하나님의 보다 크신 목적을 신뢰하는 법을 배울 것입니다. 우리가 알고 있는 생의 종말은 영적 성장의 기회를 제공합니다. 그 기회를 받아들일 수도 있고 거부할 수도 있지만, 그것을 받아들이는 것도 갈등을 통해서 이루어집니다.

인생의 다른 종류의 상실들에도 죽음의 원동력이 작용합니다. 이혼은 결혼관계의 죽음이며, 정서적으로 육체적 죽음만큼이나 고통스러울 수 있습니다. 불임으로 인한 슬픔은 간절히 원하는 잠재적인 관계의 상실을 표현합니다. 직업을 잃는 데서 오는 슬픔도 있습니다. 특히 그 일을 사랑했으며 그 일에 자신이 가진 재능을 발휘하고 있다고 생각하다가 직업을 잃을 때 그 슬픔이 큽니다. 직업을 잃는 데에는 자부심의 상실도 포함될 수 있습니다. 만일 우리가 역기능 가정에서 성장했다면, 보살펴 주고 양육해 주는 가정생활을 누리지 못했음을 슬퍼할 것입니다. 우리는 정신적 능력이나 육체적 능력의 상실을 슬퍼할 수도 있습니다. 화재나 자연재해, 전쟁 등으로 인해 집과 재물의 상실을 슬퍼할 수도 있습니다. 난민들은 조국과 친숙한 생활 장소, 공동체를 잃음으로써 슬퍼합니다. 이런 형태의 슬픔들은 우리로 하여금 "애통하는 자는 복이 있나니 저희가 위로를 받을 것임이요"라는 예수님의 말씀의 보다 깊은 의미를 이해할 수 있게 해줍니다.

통회의 눈물

신학적으로 죽음은 "죄의 삯"(롬 6:23)입니다. 죄는 우리가 하나님으로부터 소외되는 모든 방식을 묘사해 줍니다: 인간 공동체를 위해 하나님이 의도하시는 것을 보지 못하는 것; 하나님이 우리를 지으시면서 의도하셨던 존재가 되는 데 대한 두려움; 우리가 자신의 욕망과 수단에 따라서 살려 하는 것. 죄란 자기가 원하는 현실을 만들어 내기 위해서 자신의 재치와 담력을 사용하면서 사태를 제어하려는 욕구입니다. 죄는 자기 가치에 대한 불안, 그리고 소명에 합당하게 살려는 용기의 부족을 반영합니다. 공격적으로 세상을 개조하려 할 때나 책임을 피하려는 방어적인 태도를 취할 때 사람들에게 상처를 주고, 하나님을 무시하고 지구를 약탈하며, 자신의 영혼의 아름다움을 파괴할 수 있습니다. 교만, 두려움, 질투, 탐욕 등은 가정생활에서부터 국제 정치에 이르기까지 우리의 모든 관계에 상처를 입힙니다.

> 우리 주님이 복이라고 하신 고통이란 세상과 사회와 자신이 분열되어 있음을 정직하게 아는 것으로 인한 고통을 말한다. 그것은 실제 참회자의 신음이다.
> —Simon Tugwell

영적 죽음이란 하나님에게서 추방된 인간 생활입니다. 예수님은 "나를 떠나서는 너희가 아무것도 할 수 없음이라"고 말씀하셨습니다(요 15:5). 사람들은 생명의 근원에서 분리된 상태로 살고 있습니다. 성 어거스틴은 애통과 관련된 복을 지식의 은사와 연결했습니다. 현대의 어느 작가는 어거스틴의 통찰력에 대해 다음과 같이 논평했습니다: "우리의 인간적 곤경의 진리를 안다는 것은 곧 그것이 애통으로만 대처할 수 있다는 것을 아는 것이다."[3)]

죄로 인해 슬퍼한다는 개념은 성경적 전통에 뿌리를 두고 있습니다. 베옷을 입고 재를 쓰고 행하는 속죄의 금식은 죄에 대한슬픔의 상징입니다. 다윗 왕은 밧세바가 낳은 아기가 심하게 앓을 때에 자신이 간음한 것으로 인해 슬퍼했습니다(삼하 12:16-23을 보라). 왕은 자신의 겸손과 통회로 인해 하나님께서 아들의 목숨을 살려 주시기를 바랐습니다. 아기가 죽은 후에 왕은 속죄의 슬픔을 중지했습니다. 그러나 그는 분명히 계속 아들의 죽음을 슬퍼했습니다.

일부 학자들은 마태복음 기자가 이 복에 대해 묘사하면서 특별히 속죄의 슬픔을 염두에 두고 있었다고 생각합니다. 그들은 마태복음의 그 뒷부분에서 예수께서 자기 제자들이 세례 요한의 제자들처럼 금식하지 않는 이유를 설명하신 부분을 지적합니다: "혼인집 손님들이 신랑과 함께 있을 동안에 슬퍼할 수 있느뇨 그러나 신랑을 빼앗길 날이 이르리니 그 때에는 금식할 것이니라"(마 9:15). 또 마태복음에서 예수님은 말세에 "인자의 징조가 하늘에서 보이겠고 그 때에 땅의 모든 족속들이 통곡"할 것이라고 가르치시는데(24:30), 그것은 분명히 속죄의 슬픔입니다.

세상의 안타까운 상태 및 우리가 거기에 관련되었음을 슬퍼하는 것이 예수님이 주시는 복을 향한 첫 단계입니다. 우리는 자신의 죄를 슬퍼하는 법을 배운 후에야 비로소 죄를 초월할 수 있습니다. 만일 이 세상의 절망적인 궁핍과 고통에 대해 깊이 염려하지 않는다면, 우리는 팔복의 길 안에서 자신을 발견하지 못할 것입니다.

기독교인들에게 있어서 세상에 대한 사실주의는 절망이나 냉

소의 근원이 되지 못합니다. 우리는 우리의 냉혹한 어리석음으로 인해 깊이 슬퍼하시는 주님과 연합합니다: "예루살렘아 예루살렘아 선지자들을 죽이고 네게 파송된 자들을 돌로 치는 자여 암탉이 그 새끼를 날개 아래 모음같이 내가 네 자녀를 모으려 한 일이 몇 번이냐 그러나 너희가 원치 아니하였도다"(마 23:37). 복음서들은 인간의 완고, 맹목, 두려움, 신실하지 못함 등에 대한 예수님의 슬픔을 표현합니다. 예수님의 슬픔은 죄의 파괴적 결과에 초점을 두었으며, 결국 예수님의 수난에서 구체적으로 표현되었습니다. 히브리서 기자는 예수님의 슬픔이 얼마나 강력했는지를 어렴풋이 보여줍니다: "그는 육체에 계실 때에 자기를 죽음에서 능히 구원하실 이에게 심한 통곡과 눈물로 간구와 소원을 올렸고"(히 5:7).

우리는 무엇으로 인해 슬퍼하고 눈물 흘립니까? 이 세상이나 우리 자신의 삶 중에서 어떤 상황이 우리로 하여금 진정으로 슬퍼하게 만듭니까? 우리의 상태에 대해서 그리스도와 함께 슬퍼한다는 것은 우리의 좋지 못한 상태를 멸시하거나 정죄한다는 것을 의미하지 않습니다. 예수님은 우리를 멸시하거나 정죄하지 않으십니다. 끔찍하게 빗나간 인간의 위엄과 선이 가장 좋지 않은 악입니다. 죄에 대한 분노는 우리를 자만하게 만드는 경향이 있지만, 겸손은 우리로 하여금 깊은 긍휼에 뿌리를 두게 만듭니다.

슬픔에 대해 주어지는 위로

긍휼의 문자적 의미는 "함께 괴로워하다"입니다. 우리는 그리스도의 고난에 참여하는 것으로서 슬픔을 경험할 때, 애통의 복을 알기 시작합니다. 그리스도 안에서 모든 고난과 죄와 불행이 하나님의 사랑에 의해 들어 올려지고 변화됩니다. 대속이란 온갖 형태의 죽음이 새로운 생명으로 변화되는 것을 의미합니다. 또 이 새로운 생명은 순전히 하나님의 자비에서 오는 선물입니다. 우리가 자기 자신이나 이 세상을 구속하기 위해서 자신의 능력으로 할 수 있는 일이 없습니다. 우리가 당한 재앙의 안타까운 진실을 치료하는 방법은 완전히 우리의 능력을 초월한 것입니다. "아무리 큰 업적으로도 죽음을 극복할 수 없습니다."[2] 우리는 자신의 죄로 인한 무력한 슬픔 안에서 다시 영의 가난을 발견합니다.

드와이트 보갤의 삼촌인 밀튼 목사의 이야기는 영적 가난과 애통 사이의 내적 관계를 통렬하게 보여줍니다. 밀튼과 그의 아내 그레이스는 아들과 딸, 그리고 손자, 손녀와 함께 켄자스 주 포모나 호수에서 작은 보트를 타고 결혼 40주년을 기념하고 있었는데, 회오리바람에 배가 뒤집혔습니다. 그리하여 아내와 딸, 그리고 손녀가 물에 빠져 죽었습니다. 한순간에 그 가정의 세 세대에 속한 여자들이 갑자기 세상을 떠났습니다. 그 다음 주간에 누군가가 밀튼에게 "앞으로 어떻게 살아가실지 모르겠군요"라고 말했습니다. 밀튼은 "대안이 없어요. 나는 사역하면서 하나님은 선하시다고 말해 왔습니다. 하나님은 우리를 사랑하시고 돌보십니다. 하나님의 은혜는 모든 궁핍을 충분히 채워 주실 수 있습니다. 이제 나는 이것 외에 다른 대답이 있을 수 없다는 것을 압니다."[3]

"이것 외에 다른 대답을 할 수 없다"는 것을 아는 것은 영적 가난의 경험입니다. 여러 종류의 죽음과 고난으로 인한 깊은 슬픔 속에서 우리는 자신의 영적 가난의 찌끼를 마십니다. 그 때에 우리의 삶에 축복이 임합니다. 아프고 빈 마음—하나님의 내주하시는 은혜를 수용하려는 마음—은 우리의 연약함이 하나님의 능력을 담는 그릇이 되는 것을 허락합니다. 슬픔은 성경의 약속들의 성취를 초래합니다.

위로는 애통하는 제자들의 것입니다. 우리는 죽음이라는 명백한 사실을 변화시킬 수는 없지만, 이 세상에서 예수님의 구속 사역에 동참할 수 있습니다. 실제로 우리는 제자로서 그렇게 행하라는 명령을 받았습니다: "내가 너희를 사랑한 것같이 너희도 서로 사랑하라"(요 15:12). "너희가 짐을 서로 지라 그리하여 그리스도의 법을 성취하라"(갈 6:2). 당신은 "당신 안에서 행하시는 이는 하나님이시니 자기의 기쁘신 뜻을 위하여 당신으로 소원을 두고 행하게 하신다"(빌 2:13)고 믿습니까? 만일 그렇게 믿는다면, 당신과 같은 사람들을 통해서 하나님의 위로가 임한다는 것을 아십시오. 우리 각 사람은 세상에 있는 하늘나라의 표현이 되어 하나님의 긍휼하신 마음을 서로에게 제공할 수 있습니다.

> 오직 마음이 찢어질 때, 그들의 마음이 열린다. 그때 써레질한 땅 속에 씨앗이 묻히듯이 하나님의 말씀이 마음 깊은 곳으로 들어올 수 있다.
> —Deborah Smith Douglas

약속의 때의 도래와 믿음의 완전한 위로는 하나님의 미래에 속해 있습니다. 우리는 그리스도께서 이미 인류를 자기에게로 모으시고 사랑의 자기 희생으로 완전하게 만드셨음을 압니다. 그러나 그리스도 안에서 시작된 일이 완전히 명백하게 나타날 완성의 약속에 귀를 기울이십시오: "내가 새 하늘과 새 땅을 보니…다시 사망이 없고 애통하는 것이나 곡하는 것이나 아픈 것이 다시 있지 아니하리니"(계 21:1, 4). 하나님은 우리 눈에서 모든 눈물을 씻어 주실 것입니다. 이것은 하나님의 영원한 나라에서 누릴 위로를 보여줍니다!

매일의 과제

금주의 본문과 훈련은 우리 자신의 삶, 주위 사람들의 삶, 세상, 그리고 그리스도의 삶에서 슬픔을 어떻게 경험했는지 깊이 살펴볼 기회를 제공합니다. 금주에 행할 묵상은 우리를 인생에서 민감한 부분으로 데려갈 수도 있습니다. "위로를 받을 것임이요"라는 그리스도의 말씀을 기억하십시오. 매일의 과제를 시작하기 전에 먼저 금주의 본문 "슬픔의 눈물, 은사의 눈물"을 읽어 보십시오. 읽으면서 떠오른 생각이나 질문을 일지에 기록하십시오. 매일 묵상을 하기 전에 몇 분 동안 침묵하면서 하나님께 당신의 위로자와 인도자가 되어 달라고 부탁하십시오.

과제 1: 예수님의 말씀을 경청하십시오.

마태복음 5:4을 읽으십시오. 마음속으로 그 말씀을 곰곰이 새기면서, 당신의 삶에서 깊이 슬퍼했던 시기가 언제인지 생각해 보십시오. 그 때의 느낌, 그리고 그것이 당신에게 미친 영향을 일지에 기록하십시오. 또 당신이 진정한 위로를 발견했던 곳이 어디인지 생각해 보십시오. 예수님의 축복은 당신에게 어떻게 적용됩니까?

클래어런스 조던은 "애통하는 자"를 자신의 삶과 세상의 상태에 대해 "깊이 염려하는 자"라고 해석합니다. 당신이 마음속 깊이 품고 있는 염려, 그것에 대해 무슨 일을 해야 한다고 느낄 정도의 깊은 염려는 어떤 것입니까? 그것을 일지에 적으십시오.

다시 예수님이 말씀하시는 복에 귀를 기울이십시오. 그 복을 당신의 상태에 맞추어 바꿔 표현해 보십시오.

과제 2: 하나님의 염려에 동참하십시오.

이사야 40:1-5을 읽으십시오. 하나님께서는 이사야에게 오랫동안의 유배 생활로 인해 슬퍼해 온 백성들을 위로하라고 말씀하십니다. 우리 시대의 사람들 중에서, 그가 당하는 불행을 당신이 알고 그로 인해 슬퍼하는 대상이 있습니까? 그들이 "위로를 받을 것이라"는 믿음 안에 그들과 함께 선다는 것은 무엇을 의미할까요?

본문을 다시 읽으면서, 마음을 다해 들어보십시오. 하나님은 누구를 위해서 당신을 불러 이사야와 같은 사람이 되라고 하십니까? 일지에 그들의 이름을 적고, 그들을 사랑 안에서 하나님께 들어 올리십시오. 기회가 있을 때에 그들에게 그리스도의 이름으로 "부드럽게 말하는" 방법을 생각해 보십시오. 하나님의 명령을 받아들이십시오.

하루 동안 발생하는 새로운 사건들에 대한 글을 읽거나 듣고 하루를 살아갈 때에 1절 말씀을 마음에 담으십시오: "위로하라 내 백성을 위로하라." 주위 사람들의 슬픔에 마음을 여십시오. 당신의 경험을 기록하십시오.

과제 3: 우리의 죄를 슬퍼하고 하나님을 의지하십시오.

요엘 1:8-15과 2:12-14을 읽으십시오. 선지자 요엘은 슬픔이 단순히 감정이 아니라 주께로 돌아가는 동안 필요한 것으로서 죄로 인해 적극적으로 한탄하는 것이라고 여깁니다. 이제 감정을 담아서 본문을 여러 번 소리 내어 읽으십시오. "금식하며 울며 애통하고 마음을 다하여" 여호와께 돌아오라는 요엘의 호소가 지닌 파토스에 귀를 기울이십시오.

이 구절을 읽으면서 "여호와를 만날 만한 때에"(사 55:6), 즉 아직 시간이 있는 동안에 영적으로 회복해야 할 필요성을 생각해 보십시오. 당신이 주께로 돌아와야 할 필요성을 고백하는 비밀 편지를 일지에 기록해 보십시오. 당신이 포기해야 할 것과 겪어야 할 적극적인 슬픔에 대해 기록하십시오.

요엘 2:13-14을 기도하는 마음으로 깊이 묵상하십시오. 당신이 "여호와께로 돌아오는 일"의 일부로서 다른 사람을 위해 하나님의 은혜로우신 본성을 구체적으로 어떻게 표현할 것인지 생각해 보십시오. 당신과 주님이 그 사람을 위해서 어떤 복을 남길 것인지 생각해 보십시오.

과제 4: 슬픔에서 기쁨으로 옮겨가십시오.

요한복음 16:20-22을 읽으십시오. 이 본문에서 예수님은 제자들에게 기쁨이 따르는 고난의 이미지, 위로의 이미지를 주심으로써 예수님의 죽음을 대비할 수 있게 해주십니다. 이 이미지가 실제로 제자들의 이야기에 어떻게 어울리는지 생각해 보십시오. 이 이미지가 당신의 경험과 일치한 때가 있습니까?

어떤 종류든 상실로 인해 슬퍼할 때에 도움이 되고 희망을 준다고 여기는 다른 비유나 이미지가 있습니까? 특히 도움이 되지 않는다고 여기는 이미지는 어떤 것입니까?

당신을 짓누르는 상실이나 슬픔을 하나님께 가져가십시오. 예수님의 말씀을 통해서 하나님이 당신에게 무엇이라고 말씀하시는지 들어보십시오.

슬퍼하고 있는 사람을 위해서 기도하십시오.

과제 5: 예수님과 함께 우십시오

누가복음 19:41-44을 읽으십시오(13:34-35도 읽으십시오). 이 본문에서 예수님은 평화의 도시 예루살렘을 불쌍히 여겨 우시며 "평화에 관한" 것을 인정하지 않음을 슬퍼하십니다. 41절을 다시 읽고 묵상하십시오: "가까이 오사 성을 보시고 우시며." 예수께서 보신 것과 느끼신 슬픔에 동참한다고 상상하십시오.

오늘 당신의 공동체 안에서 예수님이 우시는 곳이 어디라고 생각합니까? 생각나는 장소들을 일지에 기록하십시오. 각각의 상황에서, 예수께서 울고 계신 이유가 될 가능성이 가장 큰 것이 무엇인지 생각해 보십시오.

생각나는 한 가지 상황을 가지고 예수님과 함께 앉아서 기도하십시오. 예수께서 그 상황에 기울이실 것이라고 생각되는 염려와 소망이 무엇인지 상상해 보십시오. "위로를 받을 것임이요"라는 말씀이 이 장소, 이 사람들, 그리고 당신과 관련하여 어떤 의미를 지니는지에 대해서 예수님과 대화하십시오.

다음 소그룹 모임을 위해서 일지에 기록한 내용을 검토해 보십시오.

제4주

깨끗하고 온유한 마음의 힘

"온유한 자는 복이 있나니 저희가 땅을 기업으로 받을 것임이요."

뮤지컬 '카멜롯'(Camelot)에서 아더 왕의 서자인 모드레드는 "일곱 가지 치명적인 덕목"(*The Seven Deadly Virtues*)이라고 불리는 풍자적인 노래를 그럴듯하게 부릅니다. 그는 희극적으로 풍자하면서 "온유한 자는 땅을 기업으로 받는 것이 아니라 진흙을 기업으로 받는다"[1]고 노래합니다. 스스로를 현실주의자라고 여기는 사람들은 분명 이 말에 동의할 것입니다. 세상은 "과시적이고 위협적인 자는 복이 있나니, 저희가 원하는 것을 얻을 것이다"[2]와 비슷한 나름의 강령을 가지고 있습니다. 세상은 표면적인 능력을 믿는 유치한 믿음을 가지고 있습니다. 표면적으로 강하고 부유하고 무자비한 사람들이 땅을 소유하며 이익과 명예를 위해서 그 자원을 약탈합니다. 수천 년 동안 힘 있는 자들은 싼 노동력을 착취하였고, 발언권이 없는 사람들의 배후에서 개인 재산을 축적하고 정치적 제국을 세워 왔습니다. 지위가 높고 힘이 있는 사람들

은, 힘 있는 사람들이 땅을 확보할 수만 있다면 하나님께서 가난한 사람들과 슬퍼하는 사람들, 온유한 사람들에게 천국을 주셔도 무방하다고 생각할 수 있을 것입니다.

여기에서 말하는 "땅"은 타락한 세상, 우리 모두와 관련이 있는 "정사와 권세와 이 어두움의 세상 주관자들"의 수중에 있는 세상(엡 6:12)입니다. 예수님은 우리에게 다른 세상, 매우 다른 원리에 따라 작용하는 세상, 하나님이 다스리시는 세상을 계시해 주고 계십니다. 하나님 나라는 예수님이 이미 살고 계시는 사회의 질서와는 전혀 다른 새로운 영적 질서입니다. 예수님은 이 세상 한복판에서 이 질서에 속한 즐거운 세계에 들어오라고 초대하십니다. 그러나 하나님의 세계는 이해하기 어렵기 때문에 종종 그 세계를 향한 우리의 갈망은 분명하지 못합니다.

하나님의 자비로 우신 목적에 순종하는 것은 친절과 관대, 이웃에 대한 봉사의 인내 등의 멍에를 질 준비를 하는 것이다.
—John S. Mogabgab

예를 들어 우리는 온유(meekness)라는 개념을 그리 훌륭하게 이해하지 못하고 있습니다. 밀접하게 관련된 단어인 "겸손"이 그러하듯이, "온유"는 유익하지 않은 함축된 의미들, 즉 덤덤함과 무능이라는 이미지를 연상하게 합니다. 우리 문화에서 "온유"는 곧 "연약함"으로 해석됩니다. 우리는 자녀들이 잠자코 공격적인 아이들의 학대를 받을까 두려워서 온유함을 가르치지 않으려 합니다. 자유경쟁 시장에서는 현실적이고 강한 행동을 중요하게 여기기 때문에, 사업에 있어서 온유함에 대해 상을 지불하지 않습니다. 우리 문화에서는 신분과 돈에서부터 군사적/비군사적 무기에 이르기까지, 그리고 육체적인 힘과 매력에서부터 무한정의 가솔린과 전기에 이르기까지, 면책 특권의 정보와 지식에서부터 계속 증가하는 컴퓨터의 속도와 입체 음향의 볼륨에 이르기까지 온갖 형태의 힘을 귀중히 여깁니다. 우리는 겸손이 아니라 힘에 관심을 가지고 있습니다. 심지어 TV와 VCR의 전원 스위치도 수동보다는 자동을 더 선호합니다. 우리는 힘을 발휘하면서 감동을

느낍니다.[3)]

온유한 자가 땅을 기업으로 받는 복으로 들어가는 첫 단계는 진정한 온유의 의미를 재발견하는 데 있습니다. 그 단어의 의미를 파악하게 되면 진정한 힘의 본질과 축복을 재고하는 데 도움이 될 것입니다. 그때 우리는 온유와 "땅을 기업으로 받는 것"의 관계 및 이 관계가 어떻게 하나님의 통치를 드러내 주는지 탐구할 수 있습니다.

참된 온유함

우리는 온유를 부정적으로, 즉 기력의 부족이나 무기력한 성품으로 생각하려는 경향을 가지고 있습니다. 그러나 이것은 진정한 온유의 의미와 거리가 아주 멉니다. 영어 성경에서 "온유"라는 단어는 단 두 사람, 즉 모세와 예수, 히브리 성경과 기독교 성경의 거장을 묘사하는 데에 사용됩니다.

어느 작가는 "성경적인 온유는 고양이 앞에서 주저하며 웅크리는 쥐보다는 새끼들과 함께 있는 암사자의 온순함에 가깝다"[4)]고 말했습니다. 이스라엘 백성에게 있어서 모세는 한 마리 사자와 같았습니다. 히브리 노예를 잔인하게 다루는 십장을 살해한 후에 미디안 광야로 도망친 이 이집트의 왕자는 영원히 양들을 치면서 지낼 수 없었습니다. 하나님께서는 그를 불러 종살이하는 히브리 백성을 구하라고 하셨습니다. 사십 년 광야생활을 하는 동안, 모세는 백성들을 하나님이 약속하신 새 땅의 가장자리로 인도했습니다. 모세는 지도자로서 힘의 상징이었지만, "온유함이 지면의 모든 사람보다 승하더라"고 표현되어 있습니다(민 12:3).

세상은 온유함이 무엇인지 모른다…온유로써 잃는 것은 알지만, 온유로써 얻는 것은 모른다.
—Percy C. Ainsworth

이 구절에서 "온유함"이라고 번역된 히브리 단어는 "겸손함"이라고 번역할 수도 있습니다. 또 "경건함"이라고 번역할 수도 있습니다. "겸손"과 "온유"는 신분의 부족을 나타내는 히브리어 *anav*를 번역한 것입니다. 복수형인 *anawim*은 가난한 사람들, 겸손한 사람들, 사회적 계급제도 안에서 신분이 보장되지 못한 사람들을 가리킵니다. 이스라엘의 가장 위대한 지도자로 언급된 모세가 *anav*로 간주된 것은 매우 기묘한 일입니다. 그러나 그는 만일 하나님께서 그의 백성들 자체를 위해서가 아니라 "열방의 등불"로서 그의 백성들을 무의 상태에서 불러내어 한 민족으로 만드시지 않으셨다면 그 백성들의 상태가 어떠했을지를 구현했습니다. 즉 그들은 결코 한 국가를 이루지 못했을 것입니다.

"나는 마음이 온유하고 겸손하니 나의 멍에를 메고 내게 배우라"(마 11:29). 예수님은 자신이 온유하다고 묘사하십니다. 어떤 학자들의 주장에 의하면, 그 헬라어 단어는 "온유하지만 강한"을 의미한다고 합니다. 그것은 "보살핌의 기질을 지니고 있으며 통제된 힘"을 암시합니다.[6] 예수님은 이스라엘의 *anawim*, 신분을 지니지 못한 사람들과 자신을 동일시하십니다. 또 자신의 마음의 온유함과 겸손함을 "너희 마음의 쉼"과 연결하십니다. 우리가 기꺼이 예수님이 가신 길과 그 목적에 협력할 때, 온유함이 이 세상을 통과하는 평온한 길을 제공할 수 있습니까?

예수께서 자신이 전파하신 나라를 대적하는 사람들로 인해 고난을 당하셨음을 고려할 때, 예수님이 온유함을 평온한 것으로 말씀하신 것은 기이한 일입니다. 만일 제자들이 예수님을 따른다면, 그들 역시 고난을 당할 것이라고 예수님은 말씀하셨습니다. 왜냐하면 세상은 제자들의 삶이 나타내는 것을 참고 용납할 수 없기 때문입니다. 십자가는 결코 평온한 것처럼 보이지 않습니다. 그것은 강한 자들에게 당하는 괴롭힘의 상징처럼 보입니다. 우리

는 온유하고 겸손하고 관대하게 행하다가 괴롭힘을 당하지 않을까 염려합니다.

예수님은 산상수훈 뒷부분에서 자발적인 희생자가 된다는 사상을 강화하시는 듯합니다. 주님은 악을 행하는 사람에게 저항하지 말라고 가르치십니다(마 5:38-42). 실제로 주님은 (1) 다른 뺨을 돌려대는 것, (2) 소송에서 요구받은 것보다 더 많은 것을 주는 것, (3) 오 리를 가자고 하는 사람과 십 리를 동행하는 것 등 무저항의 세 가지 예를 제공하십니다. 삶에서 어느 정도의 지배력을 행하기를 기대하는 사람들에게 있어서 이것은 그대로 받아들이기 어려운 충고입니다. 예수님은 사람들이 무책임한 것을 허락하시며, 우리에게 그들의 행동에 대한 책임을 묻지 말라고 가르치시는 듯합니다. 만일 우리가 예수님 시대의 상황을 이해하지 못한다면 예수님 말씀의 혁신적인 힘을 파악하지 못할 것입니다.

하나님의 뜻에 따라 좌우되는 우리의 힘

성경학자 월터 윙크(Walter Wink)는 마태복음 5:38-42에 기록된 예수님의 가르침이 의도하는 의미와 원래의 상황을 훌륭하게 설명합니다. 첫째, 예수님의 말씀을 들은 사람들은 주로 "가난한 사람들", 사회적으로 세속적/종교적 지도자들의 지배를 받는 낮은 계층의 사람들이었음을 분명히 알아야 합니다. 둘째, 이 가르침의 "너희"와 우리 자신을 동일시해야 합니다. 예수께서 첫 번째 예에서 "오른뺨"이라고 명시하신 데 주목하십시오. 이렇게 되려면 누군가가 오른쪽 손등으로 당신을 때려야 합니다. 왜냐하면 왼손은 "부정한" 일에만 사용했기 때문입니다. 손등으로 때리는 것은 심각한 모욕이었으며, 열등한 사람들을 정렬시키는 일상적인 방법이었습니다. 다른 뺨을 돌려대는 것은 당신이 모욕당하는 것을 거부한다는 경고입니다. 왼편 뺨을 때리려면 오른손 바닥을 사용해야 하는데, 이것은 당신이 때리는 사람과 동등한 가치를 지닌다는 상징입니다.

두 번째 예의 무대는 법정입니다. 예수님 시대에 가난한 사람들은 많은 빚에 시달렸고, 종종 채권자들에게 빚을 갚기 위해서 모든 것을 잃었습니다. 유대교의 법은 채권자들이 상환의 담보로서 가난한 사람의 겉옷을 해 질 녘까지 보유하는 것을 엄격히 금했습니다. 왜냐하면 그것이 그 사람이 잠잘 때 덮을 수 있는 유일한 것일 수도 있기 때문입니다(출 22:25-27; 신 24:10-13, 17을 보십시오). 게다가 유대 관습에서 벌거벗은 것은 벌거벗은 사람보다는 벌거벗게 만든 사람이나 그 모습을 보는 사람에게 큰 수치로 간주되었습니다. 따라서 채권자에게 겉옷뿐 아니라 속옷까지 주어 나체가 됨으로써, 당신은 본질적으로 채무 체계 전체의 불의를 드러내며 채권자를 수치스럽게 만들 수 있습니다.

마지막으로 로마법에 의하면, 군인들은 민간인들로 하여금 자기들의 무거운 배낭을 1마일까지 운반하게 할 수 있었습니다. 그러나 1마일을 초과할 경우에는 엄한 형벌이 주어졌습니다. 따라서 기꺼이 그러한 배낭을 1마일 이상 운반해 주겠다고 제안함으로써 그 군인을 크게 불편하게 만들 수 있습니다. 월터 윙크는 "로마 보병이 유대인에게 자기의 배낭을 돌려 달라고 사정하는 모습을 상상해 보라"고 말합니다.[6]

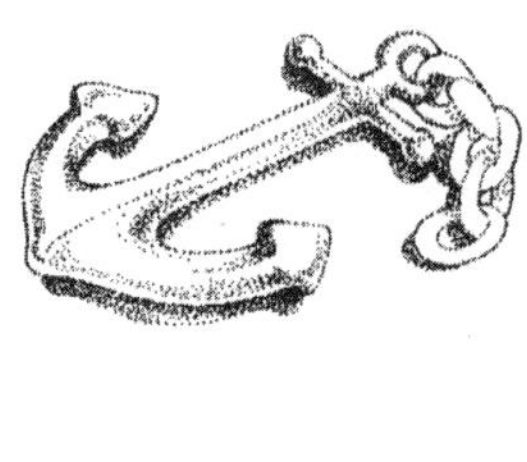

예수님은 말씀을 듣는 우리가 하나님 앞에서 자신의 가치를 분명히 알기를 원하시므로 사회적 계층에 있어서 "우리보다 위에 있는" 어떤 사람으로부터 주도권을 빼앗고, 선택의 권한을 되찾는다고 상상할 수 있습니다. 예수님은 다수를 무시하고 소수를

찬양하는 세상에서 우리의 인간성을 회복하는 실질적인 방법을 주셨습니다. 곧"악을 행하는 자들에게 저항하지 않는 것"을 예증하는 것 이상의 의미를 지닙니다. 이 예들은 예수께서 "온유함"이라고 말씀하신 의미를 드러내 줍니다. 참된 온유함을 소유한다는 것은 학대를 받으면서도 비굴하게 아무 말도 하지 않는 것과는 다릅니다. 온유란 "우리의 원수를 사랑하는 것"이 지니는 파괴적인 힘, 우리 자신의 분명히 변화된 태도와 행동에 의해서 다른 사람들을 변화시키는 잠재력입니다. 온유함은 하나님의 영의 지배를 받는 길들여진 강력한 힘입니다.

안장을 얹은 말이 기수의 명령에 순종할 때, 말이 "길들여졌다"고 말합니다. 말을 길들인다는 것은 말의 힘이 사람의 지배하에 들어가는 관계를 함축합니다. 말의 힘이 제거되거나 감소되지 않으면서 두 살배기 어린아이라도 안전하게 탈 수 있을 만큼 유순하게 될 수 있습니다. 그러면서도 아이의 아버지가 날마다 농장의 일을 하는 데 도울 수 있을 정도로 속도를 내어 달리고 힘을 발휘할 수 있습니다. 온유란 인간의 힘이 하나님의 지배를 받는 것입니다. 우리 모두에게는 지성, 기술, 에너지, 감정, 화술 등의 능력이 있습니다. 인간 생활과 의미에 대한 가장 큰 질문은 우리의 능력을 사용하는 목적·방법과 관련된 것이어야 합니다. 우리는 하나님에 의해 길들여져서 우리의 능력이 하나님의 목적에 좌우되어야 합니다.

> 이제 나는 모든 것을 다 했습니다…내가 아는 한 나 자신이 되고자 했지만, 나는 언제나 실패했을 뿐입니다. 이제 당신 앞에 그 모든 것을 내려놓습니다…내 안에서 당신의 선하시고 기뻐하시는 뜻을 행하소서.
> —Hannah Whitall Smith

예수님은 오로지 하나님의 생각대로 능력을 사용하시면서 어떤 때는 직접 행동하시고, 어떤 때는 행동을 삼가셨습니다. 예수님은 광야에서 힘의 세상적인 표현으로 예수님을 세 번이나 유혹하려 한 마귀를 물리치시기 위해서 성경에 대한 깊은 지식을 사용하셨습니다. 후에 예수님은 자기 안에 있는 하나님의 능력을 극적으로 증언하시면서, 귀신들을 돼지 떼에게 들어가 절벽 아래로 뛰어내리게 만드셨습니다. 또 언젠가는 고향에서 말씀을 전하셨으나 환영을 받지 못하신 후에, 예수님을 절벽 밑으로 던지려 하는 성난 군중 사이를 지나가셨습니다. 예수님은 의심하는 사람들에게 자신을 증명하기 위해서 놀라운 능력을 사용하라는 도전을 무수히 받았지만, 거절하셨습니다. 예수님은 자신을 변호하거나 정당화하거나 보호하기 위해서 에너지를 허비하지 않으셨습니다. 마지막으로 예수님은 겟세마네에서 모든 능력을 사용하는 일에 있어서 하나님께 복종하심으로써 체포되어 당국자들 앞에 끌려가셨습니다. 클래런스 조던(Clarence Jordan)은 예수님의 강력한 온유의 본질을 다음과 같이 훌륭히 표현합니다:

> 사람들은 자기의 뜻을 하나님께 복종시키고 하나님의 명령을 행하는 법을 배운 만큼 "온유"하다고 불릴 것이다. 온유한 사람의 능력의 비밀은 하나님의 뜻이 그의 뜻이 되는 데 있다. 싸우는 사람은 하나님을 대적하여 싸우는 것이다. 하나님께 복종시킨 인간의 의지는 하나님의 능력이 세상에 발휘되는 통로이다.[7]

땅을 기업으로 받음

이 깨끗하고 온유한 힘, 하나님의 사랑에 맡겨진 이 힘과 땅을 기업으로 받는 것은 어떻게 연결됩니까? 이것은 히브리 전통에서 생소한 개념이 아닙니다. 예수님은 시편 37:11을 되풀이하여 "오직 온유한 자는 땅을 차지하며 풍부한 화평으로 즐기리로다"고 하십니다.

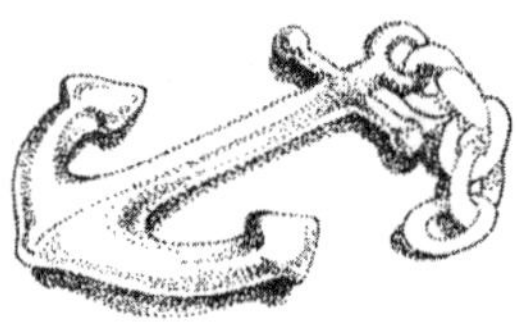

시편 기자는 악인들이 형통하는 것을 보는데, 그것은 하나님의 명령에 충실한 사람들이 물질적으로 번영한다는 과거의 히브리 견해와 반대가 되는 것이었습니다. 따라서 시편 기자는 하나님의 미래를 생각하고 여호와께서 행동하시기를 인내하면서 기다리는 사람들의 정당함이 증명될 것을 보았습니다. 성내거나 복수하기를 삼가는 사람들, 하나님을 의지하고 그 길을 여호와께 맡긴 사람들은 악인들이 연기처럼 사라지는 것을 볼 것입니다. 분노는 허비된 에너지였습니다. 여호와께서는 악인들의 핑계와 야심을 비웃으셨습니다. 또 장기적으로 보면 신실한 자들도 그리해야 합니다. 시편 37편은 인내하는 신자들에게 주는 약속입니다.

> 권세보다 때가 정의의 편에 있다.
> —Simon Tugwell

이 복의 시제는 미래입니다. 온유한 자는 땅을 기업으로 받을 것입니다. 이 세상에 속한 선동자들은 이것을 지극히 어리석은 개념이라고 여깁니다. 그러나 겸손하고 온유한 마음을 가진 사람들은 힘센 자들의 자신감과 주제넘음을 가소롭게 여깁니다. 폭군들은 나름의 방법으로 자신의 무덤을 파고 결국 그 속에 빠집니다. 부와 야심은 결코 중요한 것이 아니며 영속적인 것도 아닙니다. 땅과 그것이 주는 선물들은 믿고 기다리는 사람들, 자기의 뜻을 기꺼이 하나님께 맡긴 사람들의 것입니다. 시편 기자와 예수께서 분명히 표현하신 것처럼, 땅은 하나님이 주시는 기업입니다. 인간은 오직 하나님이 주시는 선물로서만 그것을 소유할 수 있습니다. 기업(유산)은 우리의 노력에 의해서 획득하거나 성취하는 것이 아니라 주어지는 것입니다. 그것은 지성이나 부나 자격 때문이 아니라 우리가 모든 것을 주시는 분의 아들딸이기 때문에 받는 것입니다. 우리가 자신을 하나님의 자녀로 여기며 하나님의 겸손과 사랑, 그리고 사람들을 섬기는 자유에 동참할 때 유산을 물려받기 시작합니다.

또 궁극적으로 땅을 "소유"하는 것은 권리증서나 담, 울타리와 관련된 일이 아닙니다. 풍경의 아름다움을 보고 묘사하는 화가는 그 땅을 소유합니다. 창조 세계에 하나님의 영광이 가득 차 있음을 아는 어린아이는 땅을 소유합니다.

언젠가 한 삼림 경비원은 "만일 조용히 숲 속으로 들어가서 정신을 가라앉히고 정말로 필요한 공간만 차지하고 주위의 삶을 존중하여 바라본다면, 동물들은 우리를 자기들과 같은 무리로 인정하고 그렇게 대할 것이다"[8]라고 말했습니다: 세상에서 주제넘게 나서지 않고 이런 식으로 온유하게 처세하는 것이 땅을 소유하는 것입니다. 그것은 어떤 행동보다 더 참되고 강력한 내적/영적 재산입니다. 이런 식으로 땅을 소유하는 것은 마음이 이미 하나님의 세계와 통치에 몰입되어 있음을 표현합니다.

겸손하고 온유한 사람들은 자신이 누구이며 누구에게 속해 있는지 압니다. 그들은 자신을 실제보다 위대하게 여기거나 천하게 여기지 않습니다. 그들은 심령이 가난하기 때문에 자신의 삶과 행복이 온전히 하나님께 달려 있다는 것을 압니다. 그들은 하나님에게 속한 모든 것, 이 땅을 함께 소유하는 모든 피조물을 존중합니다. 따라서 그들은 당연히 땅의 상속자들입니다.[9] 온유함이 지닌 강하면서도 관대한 능력 안에서 사는 사람들은 이미 하나님 나라의 원리와 가치관에 의해서 살아갑니다. 그들은 하나님의 뜻과 사랑이 자기들의 마음 안에 거하고 다스리는 것을 허락합니다. 그들은 가장 깊고 영속적인 의미에서 "땅을 소유합니다." 그러나 우리는 장래에 성취될 이 복의 약속을 희미하게만 상상할 수 있습니다. 온유한 사람들은 땅을 유산으로 받을 것입니다. 하나님의 나라에서 이것이 의미하는 것은 분명히 보기에도 즐거움이 될 것입니다. 진실로 마음이 겸손하고 정신이 분명하며 하나님께 중심을 두고 있으며 온유한 힘이 가득한 사람들이 지혜롭게 다스리는 땅을 상상해 보십시오. 그것이야말로 우리 가운데서 이

> 사람이 돈으로 대륙을 살 수는 있지만, 한 평의 땅도 소유할 수 없다.
> —Percy C. Ainsworth

루어지는 하나님의 통치일 것입니다.

매일의 과제

이번 주의 본문 내용을 읽어 보면 온유는 우리가 스스로 추구하는 속성이 아닙니다. 그러나 예수님과 모세는 모두 온유한 분으로 묘사됩니다. 본문 내용을 읽고서 생각을 일지에 적어 보십시오. 금주의 과제를 행하면서, 자신의 삶을 하나님이 다스리시도록 허락하는 사람들이 소유하게 되는 온유함의 힘을 찾아보십시오. 매일 과제를 시작하기 전에 정신을 집중하십시오. 몸의 긴장을 풀고, 정신적으로 모든 분심 거리들을 머리에서 비우십시오. 그리고 당신의 온유함이 성장하는 것을 도와 달라고 하나님께 부탁하십시오.

과제 1: 예수님의 말씀을 들어보십시오.

마태복음 4:23~5:5을 읽으십시오. 온유와 관련하여 여러 가지 이미지를 생각해 보십시오. 예수님에 대한 당신의 견해에 적합한 이미지는 어느 것이며, 적합하지 않은 것은 어느 것입니까?

예수님의 말씀을 읽으면서 생각나는 사람이 누구입니까? 그 사람을 하나님께 들어 올리고 축복하십시오. 예수님의 축복이 어느 면에서 당신을 인정하며 어느 면에서 당신에게 도전하는지 생각해 보십시오.

예수께서 말씀하신 것처럼 온유하다고 말할 수 있는 사람을 찾아보십시오. 그 사람의 특징을 묘사해 보십시오. 당신은 이 사람

이 땅을 기업으로 물려받기를 바라십니까? 만일 그런 일이 오늘 발생한다면, 내일은 어떻게 달라질까요? 이 복을 당신 자신의 상황에 맞추어 표현하여 기록하면서 생각을 정리해 보십시오.

앞으로 하루 동안 하나님의 인도하시는 현존을 의식하는 일을 실천해 보십시오. "온유한 사람들"의 출현을 지켜보면서 그들 안에 있는 은혜에 대한 감사의 기도로써 그들을 축복하십시오. 당신의 생각을 기록하십시오.

과제 2: 하나님의 지배 아래서 강하십시오.

민수기 12:1-8을 읽으십시오. 민수기에서는 히브리인들을 종살이에서 이끌어 낸 강력한 지도자 모세의 "온유함이 지면의 모든 사람보다 승하더라"고 합니다. 이 이야기에서 모세는 미리암과 아론과의 관계에 있어서 "하나님의 영의 다스리심을 받는 힘의 강력한 온유함"의 예증이 됩니다.

1절의 행동에 초점을 두십시오. 미리암과 아론이 모세를 비방했던 것처럼, 누군가가 당신을 비방했던 일을 회상해 보십시오. 그때 당신은 어떻게 반응했습니까? 거칠게 반응했습니까, 잠자코 비방을 받았습니까, 아니면 사랑의 온유한 힘으로 반응했습니까? 하나님의 사랑의 다스림 안에 있는 온유와 겸손으로 강하다는 것이 무엇을 의미하는지 생각해 보십시오.

하나님과 얼굴을 대면하는 시간을 가지십시오. 당신을 괴롭히는 사람들을 생각해 보십시오. 그들에 대한 당신의 반감을 하나님께서 누그러뜨리시도록 허락하십시오. 다음 번에 그들을 만날 일을 대비하여 하나님의 누그러뜨리시는 현존을 실천해 보십시오. 그 결과를 일지에 기록해 보십시오.

과제 3: 그리스도의 멍에를 메십시오.

마태복음 11:28-30을 세 번 읽으면서, 렉시오 디비나를 실천하십시오. 첫 번째 읽을 때 "수고하고 무거운 짐 진 자들아", "나의 멍에를 메고 내게 배우라" 등 당신의 관심을 끄는 단어나 이미지에 주목하십시오. 그것들을 일지에 기록하고서, 무엇 때문에 그것들에 관심을 두게 되었는지 생각해 보십시오.

두 번째 읽을 때에는, 어떤 식으로든지 당신에게 감동을 주거나 당신과 관련이 있는 것에 귀를 기울이십시오. 예를 들면, 당신은 한 쌍의 황소의 목에 놓인 이중 멍에를 상상할 수도 있습니다. 그리스도로 하여금 당신의 짐을 나누어 지시도록 허락하며 괴로운 상황을 헤쳐 나가시는 방법을 배우면서 그리스도와 함께 멍에를 지는 당신의 삶은 어떤 모습일까요?

세 번째 읽을 때에는, 당신에게 주시는 초대나 소명에 주목하십시오. 그것은 가족들이나 동역자들과 관계를 갖는 새로운 방법을 그리스도에게서 배우라는 것일 수도 있습니다. 내면에 계시는 그리스도의 인도하심과 은혜를 따를 수 있는 감성을 달라고 기도하십시오.

과제 4: 하나님의 뜻을 바라십시오.

누가복음 1:26-38을 읽으십시오. 마리아가 하나님께 복종한 것은 모든 사람을 위해 유산을 양보하는 내적 온유함의 본보기입니다. 이 본문을 한 번 읽은 후에, 다시 묵상하며 읽으면서 상상으로 마리아의 경험에 동참하십시오. 각 절을 읽을 때 그 구절에서 발생하고 있는 일을 머리로 그리면서, 만일 당신이 마리아의 입장에 있었다면 어떻게 느끼고 어떻게 반응했을지 생각해 보십시오. 생

각한 것을 일지에 기록하십시오.

38절을 다시 읽으면서 하나님께 대한 마리아의 반응을 완전한 복종의 기도로 삼으십시오: "주의 계집종이오니 말씀대로 내게 이루어지이다." 이 표현으로 천천히 기도하면서 당신이 무슨 말을 하고 있는지 깊이 생각해 보십시오. 숨을 쉴 때마다 이 기도를 반복하십시오. 숨을 들이쉬면서 "주의 계집종이오니"라고 말하고, 내쉬면서 "말씀대로 내게 이루어지이다"라고 기도하십시오. 몇 분 동안 이 기도를 계속하십시오.

하나님 앞에서의 온유함과 마리아의 기도를 하면서 당신이 경험한 것을 일지에 기록하십시오.

과제 5: 주님이 당신을 길들이시고 인도하시는 대로 따르십시오

사도행전 9:1-31을 읽으십시오. 이번 주 본문의 내용에서 말을 길들인다는 이미지는 다메섹 도상에서 바울에게 일어난 변화를 묘사합니다. 이 고집 센 바리새인을 "길들이시는" 주님을 어떻게 생각하십니까?

살아오면서 주님이 당신을 하나님의 종으로서 보다 온유하고 자원하는 사람으로 만드시기 위해서 길들이신 방법들을 생각해 보십시오. 당신은 어떤 상황에서 어떤 방식으로 여전히 반항하고 있습니까?

자신을 주님을 위해 잘 훈련된 훌륭한 순종의 말이라고 상상하십시오. 주인의 지시와 사명을 신뢰하면서 주님의 명령을 완전히 따르십시오. 살면서 이 길 저 길로 인도하시는 주님의 작은 자극을 예리하게 감지하십시오. 주님은 당신이 어디로, 또 누구에게로 가기를 원하십니까? 당신은 어떤 환경에 처해 있습니까?

다음 주 소그룹 모임을 준비하면서 일지에 기록한 내용을 검토해 보십시오.

제5주

주리고 목마름

"의에 주리고 목마른 자는 복이 있나니 저희가 배부를 것임이요."

심각하게 굶주리거나 목말라 본 적이 있습니까? 아마 우리 중에는 삶에서 이와 같은 본질적인 요소들을 직접 대면해야 하는 상황에 처해본 사람이 있을 것입니다. 그러한 사람은 진정한 배고픔이 괴로운 것이며 몸을 쇠약하게 한다는 것을 압니다. 우리는 갈증이 얼마나 절실한 것인지를 압니다. 배고픔과 갈증은 우리로 하여금 먹을 것과 마실 것으로 빈 곳을 채우는 방법을 찾게 만듭니다.

온갖 종류의 먹을 것과 마실 것이 풍부한 서구 중산층 문화에서는 이 세상 많은 사람들이 직면하고 있는 배고픔과 목마름이 어떤 것인지 상상하기 어렵습니다. 그러나 우리도 간혹 배고픔과 목마름의 진면목을 맛봅니다. 너무 바빠서 식사를 거르면 배고픔을 느끼기 시작합니다. 또 수술 전후에 엄청난 갈증을 느낍니다.

> 기독교는 생명인 자양분을 서로 나누는 공동체…그것을 서로 먹여줌으로써 유지된다.
> —Wendy M. Wright

나는 활력이 넘치는 이십 대 초반에 두 명의 동료들과 함께 뉴

멕시코의 불모지로 도보여행을 떠났습니다. 어리석게도 우리는 각기 물을 한 병씩만 가지고 떠났기 때문에 목적지에 도착하지 못하고 중도에서 돌아와야 했습니다. 나는 생전 처음으로 그러한 목마름과 피로를 느꼈습니다. 동료 한 사람은 거의 기절할 지경이었고 더욱이 나머지 두 사람은 그를 부축해야 했기 때문에 더욱 지쳤습니다. 농장으로 돌아온 나는 숨도 쉬지 않고 물 한 주전자를 마셨으나, 그것으로도 해갈되지 않아서 물을 연거푸 15분 동안 두 주전자나 더 마셨습니다. 내가 육체적으로 그렇게 많은 물을 소모할 수 있다는 것, 내 몸이 그렇게 많은 물을 받아들일 수 있다는 것을 전에는 알지 못했습니다. 나는 그때 처음이자 마지막으로 심각한 탈수현상을 경험했습니다.

의에 주리고 목마름

두려워 말라, 이 우물에 와서 마시라고 하신 주님이 우리를 목말라 죽게 하시겠는가?
—Teresa of Ávila

산에서 예수님의 설교를 들은 사람들은 현실적으로 배고픔과 갈증이 어떤 것인지 아는 사람들이었습니다. 그들은 수확이 불확실한 불모지에서 살았습니다. 사막으로 둘러싸인 거주지에서는 물이 귀했습니다. 예수님은 그들의 배고픔과 갈증의 경험을 육체적인 양분 공급과 마찬가지로 "의에 주리고 목마른 자는 복이 있나니 저희가 배부를 것임이요"라고 실질적이고 중요한 영적 궁핍에 적용하셨습니다.

"의"라는 용어는 제대로 이해되지 못한 채 남용되거나 오용되고 있습니다. "의"가 고리타분하거나 도덕주의적인 느낌을 주는 것으로 간주될 수도 있습니다. 많은 "선한 종교인들"은 스스로 의롭다고 생각하지만, 실제로 그들은 독선적입니다. 때때로 나라에서는 의롭다고 정당화된 행동을 하지만, 우리는 그것이 지나치게 독선적인 행동으로 의심되기도 합니다. 도덕주의적으로 이해해 보면, "의"란 단어는 의심스러운 것입니다. 도덕적·윤리적으로 바른 행동이라고 생각하는 것으로 간주하려는 경향이 있습니다. 최근의 역사에서 의는 상류 사회에 속한 사람들의 기분을 상하지 않게 하는 것으로부터 카드놀이나 도박을 하지 않는 것에 이르기까지 모든 것을 의미해 왔습니다. 예수님 시대에 의는 성전 예배에 참석하고 헌금하며 수백 가지의 규칙과 전통과 율법에 순종하는 것을 의미했습니다. 의는 필요한 것으로 간주되었지만, 아무도 의를 누리지 않았습니다. 사람들은 서기관, 바리새인, 제사장 등 종교적인 엘리트들만이 의를 행해야 한다고 생각했습니다. 그러한 "의"를 행하게 하는 표면적인 동기 부여는 사람들로부터 받는 칭찬이라는 보상이었습니다. 예수께서 정확하게 보셨듯이, 그것은 하나님께 영광을 돌리거나 인간의 영혼을 만족하게 하는 능력을 전혀 갖지 못한 가식된 경건이었습니다.

그렇다면 의에 대한 진정한 이해, 우리의 깊은 영적 굶주림과 갈증을 채워 줄 수 있는 것은 무엇입니까? 어느 영적 작가는 "의란 우리의 삶 전체에서의 하나님의 창조적인 목적의 성취"[1]라고 말합니다. 또 다른 작가는 의란 하나님 나라의 "바른 질서 전체로서 우리 삶의 바른 정돈을 포함한다"[2]고 말합니다. 따라서 개인적인 측면에서의 의는 가장 중요한 의인 사회적 실체에 기여합니다. "바른 질서 전체"란 모든 차원의 인간사에서의 하나님의 의도된 통치이며, 그것은 모든 인간이 참여하지 않는 한 완전히 드러날 수 없습니다.

마음속에 참 믿음과 그리스도의 소망의 불티를 가지고 있는 사람들은 하나님께서 삶을 바르게 지배해 주실 것을 갈망합니다. 우리는 사람들이 다른 사람들을 공정하고 관대하게 다루는 삶의

> 우리에게는 "의"의 범위를 외적인 규칙과 규정으로 제한하며, 그 의미를하나님에 대해 배고픔을 알 때, 내면의 문이 열리고 빛이 안으로 들어오며, 하나님을 찾기 시작한다.
>
> —Ronald S. James

질서를, 주린 배를 채우지 못한 채 잠자리에 드는 사람이나 치료할 수 있는 병을 치료받지 못하여 죽는 아이들이 없는 사회를 갈망합니다. 우리는 모든 사람들, 특히 권력자들이 정의감을 가지고서 선택하고 행동하게 되기를 간절히 원합니다. 우리는 지구를 파괴하지 않음으로써 지구의 자원과 아름다움을 자손들에게 그대로 전해 줄 수 있기를 갈망합니다.

완전히 만족하리라는 약속

그러나 예수님의 말씀에 역설이 느껴집니다. 의에 주리고 목마른 사람이 큰 만족을 얻을 것이라는 사상은 현실과 맞지 않는 듯합니다. 약한 자들을 위해 정의를 추구하는 사람들은 언제나 사회의 변방에 있으며, 평화를 위해 용감하게 노력하는 사람들이 승리하는 경우는 드물며, 경쟁적이고 이기적인 세상에서 하나님의 길을 위해 열심히 일하는 사람들은 계속해서 어려움에 직면하는 것이 현실입니다. 권력 쟁탈전에서는 선이 간과됩니다. 우리 자신, 우리 공동체, 우리 국가, 우리 세상에서 삶을 바르게 정돈하려는 갈망이 가시적인 결과로서 심원하고 지속적으로 충족되는 일은 드뭅니다. 반면에, 이 세상의 병폐들은 매우 가시적입니다. 분명히 이것은 오래된 문제입니다. 예수님 시대 이전의 많은 유대인들은 "지금 우리는 교만한 자가 복되다 하며 악을 행하는 자가 창성하며 하나님을 시험하는 자가 화를 면한다"(말 3:15)고 추정했던 듯합니다.

종종 처음에는 선하고 의로운 것처럼 보이던 것들이 후에 비효율적이고 부패한 것으로 드러나는 일은 우리를 한층 더 당황하게 만듭니다. 지나친 고지식함이나 순수한 무지나 탐심으로 말미암아 선한 의도들이 실패할 수 있습니다. 우리는 굶주리는 사람들에게 식량을 보내지만, 그것은 정치적인 내분이나 배달 구조의 결점으로 인해 도착지 국가의 항구에서 썩어 갑니다. 우리는 개발도상국가의 가난한 아기들을 위해 조제 분유를 보내지만 어머니들이 젖병 소독하는 방법을 알지 못하기 때문에 아기들은 감염되어 죽습니다. 우리는 열심히 노력하지만 쉽게 낙심할 수 있습니다.

그러나 예수님은 하나님의 바른 통치를 갈망하는 사람은 완전히 그 갈망이 성취되는 축복을 받을 것이라고 한결같이 말씀하십니다. 여기서 "배부를 것임이요"라는 말의 의미는 "실컷 먹이다"에 가깝습니다. 예수님은 우리가 다른 사람들에게 준 분량에 비례하여 받을 것이라고 말씀하시면서 "누르고 흔들어 넘치도록 하여 너희에게 안겨 주리라"고 말씀하십니다(눅 6:38). 하나님 나라의 기쁨과 축복은 우리의 기대와 상상을 초월합니다.

그렇다면 예수님의 말씀을 먼 미래를 위한 약속, "하나님 나라가 임할 때에" 충족될 것으로 받아들여야 합니까? 예수님의 약속의 성취는 다음 세상에 속한 것이기는 하지만, 완전히 미래의 것은 아닙니다. 성경에는 하나님의 심판, 그리고 정의와 평화와 순결이 최종적으로 확립되면서 이루어질 "마지막 날"의 약속들이 가득합니다. 말라기는 "교만한 자가 복되다"고 여기는 유대인들에게 응답하면서, 교만한 자의 뿌리와 가지를 남기지 않는 날이 올 것이라고 장담합니다(이와 유사하게 시편 37편에서 기자는 "악인이 없어지리니 네가 그곳을 자세히 살필지라도 없으리로다 오직 온유한 자는 땅을 차지하며 풍부한 화평으로 즐기리로다"라고 말합니다). 말라기는 계속해서 "내 이름을 경외하는 너희에게는 의로운 해가 떠올라서 치료하는 광선을 발하리니"(말 4:2)라

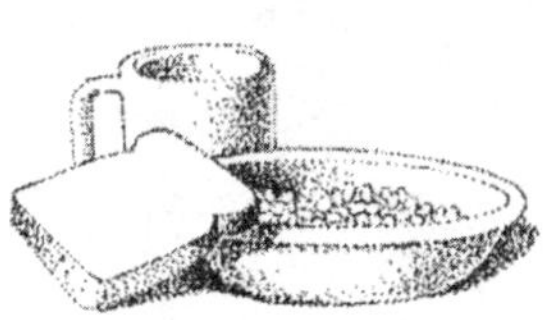

고 말합니다. 여기에는 우리가 간신히 인식할 수 있는 미래의 약속이 있습니다. 그러나 이 약속은 또한 현재 시제이며, 의를 향한 갈망에 속합니다.

하나님을 향한 우리의 갈망, 우리를 향한 하나님의 갈망

세상과 삶에서 바르게 정돈된 관계들을 사랑하려는 우리의 갈망은 곧 하나님을 향한 갈망의 표현입니다. 하나님의 길을 갈망하는 것은 이러한 길의 근원에 대한 갈망의 표현입니다. 육체적인 삶에서 배고픔과 목마름이 절대적이듯이, 하나님을 향한 주림과 목마름은 영성생활의 기본입니다.

> "하나님이여 사슴이 시냇물을 찾기에 갈급함같이
> 　　내 영혼이 주를 찾기에 갈급하니이다
> 내 영혼이 하나님 곧 생존하시는 하나님을 갈망하나니
> 　　내가 어느 때에 나아가서 하나님 앞에 뵈올꼬"
> (시 42:1-2)

우리는 하나님이 없이는 살 수 없습니다. 추방된 유배자들이 고향을 갈망하면서도 희미하게 기억하듯이, 우리 영혼은 달콤하면서도 쓰라린 열망을 가지고 하나님을 갈망합니다. 하나님만이 우리에게 실질적이고 견고한 정체성을 부여해 주시므로, 하나님이 없다면 우리는 무의미하고 부족할 뿐입니다. 이번에도 우리는 자신이 영적 가난의 땅에 있는 것을 발견합니다. 하나님은 우리를 하나님, 다른 사람들, 그리고 모든 피조물과 깊이 즐겁게 교제하는 삶을 살도록 지으셨습니다. 만일 우리가 자신의 영적 가난을 받아들이지 않고 거부한다면 하나님께서 어떻게 우리의 수용성의 잔에 이 교제의 엄청난 행복을 채워 주실 수 있으시겠습니까?

우리 내면에 그 무엇으로—어떤 물질이나 피조물이나 사람으로—도 만족시킬 수 없는 갈망이 있다. 우리는 살아 계시는 하나님을 갈구하는 자들이다.
—David Rensberger

우리는 살면서 자신의 의미와 목적과 즐거움을 위해 노력하지

만 결국 자신을 불행하게 만들 뿐입니다. 우리는 자신이 원했던 것이 "하나님의 나라"였음에도 불구하고 그것이 아닌 하찮은 것에 만족합니다.[3] 자신을 행복하게 해줄 수 없는 하찮은 것들을 갈급해 합니다. 실제로 원하는 것은 사랑임에도 불구하고 음식을 원한다고 생각합니다. 자신이 사랑받을 수 있다고 느끼는 데는 성적인 자유가 도움이 될 것이라고 생각합니다. 우리는 자신의 욕구를 충족시켜줄 수 있는 관계를 원하지만, 누구도 하나님을 향한 강력한 욕구를 감당할 수 없습니다. 우리의 욕망들은 무한하며 세계적입니다. 우리는 유행하는 옷, 첨단 기술의 장치, 사람들로부터 받는 좋은 평가, 성공하는 자녀, 연봉 인상, 의로운 정치적 후보, 인기, 권력 등을 원합니다. 그러나 만일 우리가 자신의 욕망에 사로잡힌다면 큰 불행에 직면할 수도 있을 것입니다. 부자들과 유명한 사람들, 자신이 원하는 것을 얻을 수 있는 사람들의 삶을 살펴보십시오. 그들은 행복한 사람들입니까? 이 세상의 특권층에서 마약 중독이나 알코올 중독 사건, 질투와 경쟁, 불안감과 무가치하다는 의식 등이 크게 성행하는 것을 보십시오. 일시적인 유행과 무상한 영광은 본질적으로 참 행복을 제공하지 못합니다.

하나님은 우리 마음이 하나님의 생명에 참여함으로써만 참된 만족을 누릴 수 있도록 우리를 지으셨습니다. 우리의 가장 큰 행복은 자신에게서 벗어나서 하나님과 사람들과 모든 피조물을 사랑하는 데서 옵니다. 가장 큰 기쁨은 자기를 내주시는 하나님의 사랑의 생명이 우리에게서 영위되는 데 있다고 말할 수 있습니다.

예수님은 "먼저 하나님 나라"와 그 의를 갈망하라고 말씀하십니다. 이것이 우리가 원하는 모든 것들의 중심입니다(마 6:33). 하나님을 향한 기본적인 갈망이 주도하는 것을 허락하면 그것이 인생의 다른 갈망들을 정돈하므로, 우리는 그것들을 붙잡을 필요가 없이 누릴 수 있습니다. 그 때에 우리는 생명을 선물로 받기 시작하며 감사의 의미를 이해합니다. 당신이 저항할 수 있음에도 불구하고 하나님께서는 당신으로 하여금 선을 원하도록 만드셨다는 것을 아십니까? 하나님과 하나님 안에 있는 삶을 향한 갈망은 우리들의 근본적인 갈망입니다. 다른 어떤 것으로도 우리들의 갈망을 채울 수 없습니다. 우리들의 영혼은 다른 것을 대체해서 받아들이지 않습니다. 우상이 우리의 정신을 흐리게 할 수는 있겠지만, 우리의 영혼은 가짜 신(神)을 식별합니다.

의는 "하나님과의 관계를 인정하고 주장하며, 그 관계 안에 포함되어 있는 모든 것을 추구하는 인간 정신"[4]입니다. 우리는 이 관계 안에서 인생에서의 모든 올바른 것, 하나님 안에서 우리가 되어야 하는 존재의 모든 것을 발견합니다. 더욱이 하나님을 향한 개인적 갈망은 솟아올라 우리 주위의 갈급한 세상으로 넘쳐흐르는 하나님의 은혜로우신 영에 의해서 충족됩니다. 따라서 세상 자체가 하나님의 사랑 안에서 먹고 마실 때 하나님의 뜻을 향한 우리의 갈망, 세상에서 의가 성행하는 것을 보고픈 갈망은 충족될 것입니다.[5] 개인적인 의와 사회적인 의를 향한 갈망은 서로 병행하며 함께 충족됩니다.

하나님과 그 의를 향한 우리의 갈망은 우리를 향한 하나님의 갈망의 그림자일 뿐입니다. 하나님은 제멋대로 하는 인간들과의 교제 회복을 간절히 원하십니다. 따라서 성령은 우리를 불러 하나님의 완전한 나라를 향하게 하려 하십니다. 우리가 가진 것은 자신의 의가 아니라, 하나님께서 주시는 의입니다. 자신의 지략과 에너지와 선한 의지에 의해서는 사물의 바른 질서를 이룰 수 없습니다. 우리의 의이신 그리스도는 하나님 나라의 바른 질서의 성숙한 본보기를 주십니다. 예수님은 하나님 나라의 교제를 회복하도록 돕기 위해서 우리에게 주신 하나님의 선물이십니다. 우리가 그리스도 안에서 신실하게 살며 그분의 영 안에 거하면, 그분의 의가 우리의 의가 됩니다. 자신의 영적 가난을 인정하는 사람들, 마음이 온유하고 겸손한 사람들, 세상의 상태 및 자신이 세상의 망상에 개입되어 있음을 진심으로 슬퍼하는 사람들에게 그리스도는 자신을 주실 수 있습니다. 예수 안에서 하나님은 우리의 음식과 샘으로 오십니다.[6] "내가 곧 생명의 떡이니 내게 오는 자는 결코 주리지 아니할 터이요 나를 믿는 자는 영원히 목마르지 아니하리라"(요 6:35).

지금도 우리를 위해 이 약속은 성취됩니다. 우리는 하나님의 생명과 진리를 갈망하기 때문에 깊은 만족을 경험하게 될 것입니다. 자신이 "영적 존재의 가장 심오한 법들과 하나인 것"[7]을 느끼며, 내면에 있는 가장 선한 것과 화목하게 되었음을 알게 될 것입니다. 이 화목은 우리가 살아가면서 행하는 모든 것을 중요하고 건설적인 것으로 만들어 줍니다. 진심으로 깊이 의를 원하는 사람은 의를 자기의 것으로 만들 수 있습니다. 하나님의 임재 및 그 뜻을 향한 우리의 갈망에 하나님은 응답해 주십니다. 우리는 이것을 위해서 지음을 받았습니다. 우리가 확실히 그것을 받을 수 있게 하기 위해서, 하나님께서 친히 육신을 입고 우리에게 오셨습니다.

하나님께 대한 갈증은 우리를 궁핍으로부터 구할 수 있는 유일하신 분을 찾는 마음의 동굴과 세상의 오솔길로 끌어내는 거룩한 갈망의 자석이다.
—John S. Mogabgab

매일의 과제

이번 주에는 팔복을 다루는 여정이 새로운 차원으로 이동합니다. 지금까지 예수님이 말씀하신 복들은 우리에게 자신의 궁핍을 가지고 하나님 앞에 나아와 깊은 염려를 표현하고 하나님의 뜻에 복종하는 믿음을 줍니다. 이번 주에 예수님은 하나님의 약속들, 즉 세상과 우리의 내면과 우리 가운데 하나님의 나라가 임한다는 약속을 향한 우리의 갈망을 포용하라고 말씀하십니다. 본문을 읽고 당신의 생각을 일지에 기록해 보십시오. 매일 과제를 행하기 전에 당신의 삶에서 하나님이 초대하시는 것이 무엇인지 발견하게 해 달라고 기도하십시오.

과제 1: 예수님의 말씀을 들어보십시오.

마태복음 5:6을 읽으십시오. 당신의 세계나 공동체나 교회 안에서 "의에 주리고 목마른 사람들"을 생각할 때 떠오르는 사람들이나 그룹이 있습니까? 그들을 열거하십시오. 그리고 그들 중에서 의나 정의를 향한 당신의 갈망을 자극하는 특성을 가진 사람들의 이름에 동그라미를 치십시오. 옳은 것을 향한 당신의 갈망을 자극하는 특성들을 열거해 보십시오.

"의에 주리고 목마른 사람들"에 관해 묵상한 것을 기초로 하여 당신 나름대로 이 복을 표현해 보십시오.

공정하고 의로운 것을 향한 당신의 갈망을 기도로 삼으십시오. 당신의 갈망을 하나님께 드리고, 네가 "배부를 것이다"라는 약속을 의지하십시오. 일지에 당신의 기도문을 기록하십시오.

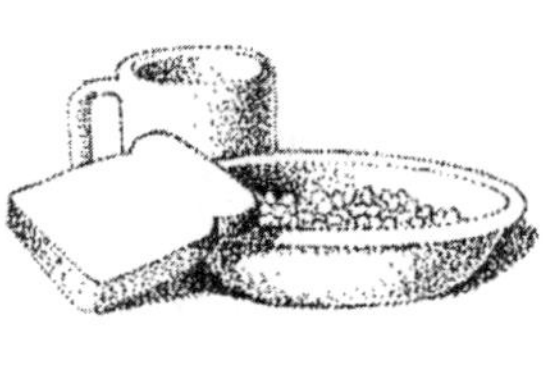

과제 2: 하나님 나라를 위한 기도

마태복음 6:9-13을 읽으십시오. 이 복음서의 기사에서 예수님은 보다 고귀한 의에 관한 설교 도중에 소위 주님의 기도라는 것을 가르치십니다. 이 기도는 그 보다 고귀한 의를 "하늘에 계신 우리 아버지", "나라이 임하옵시며 뜻이 하늘에서 이룬 것같이 땅에서도 이루어지이다"라는 갈망과의 관계 안에 둡니다.

이 기도를 할 때에는 한 구절을 기도한 후에 잠시 쉬면서 마음에 다짐하고 자신을 하나님과의 참된 관계 안에 두십시오. "우리 아버지"라고 기도할 때에는 하나님의 현존을 인정하며, 당신이 누구이며 누구의 것인지 기억하십시오.

"나라이 임하옵시며"라고 기도할 때에는 당신의 가정과 교회와 공동체와 세계 안에서의 삶을 위한 하나님의 꿈을 생각하십시오. 그러한 환경에서 예수님이 축복하시거나 언급하시거나 고치실 것이 무엇인지 생각해 보십시오.

"뜻이 하늘에서 이룬 것같이 땅에서도 이루어지이다"라고 기도하면서, 하나님의 꿈을 인정하십시오. 하나님의 뜻을 이루기 위한 도구로 당신 자신을 바치십시오. 구체적인 배경을 언급하면서 안에서 "뜻이 이루어지이다"라고 기도하며, 하나님으로 하여금 당신을 이용하실 수 있게 하십시오.

주님의 기도의 나머지 부분으로 기도를 마치십시오.

과제 3: 삶을 바르게 정돈하십시오.

미가 6:6-8을 읽으십시오. 의는 무엇을 요구합니까? 그것은 표면적인 희생제사와 책임 안에서 발견되는 것이 아닙니다. 의는 "① 공의를 행하며, ② 인자를 사랑하며, ③ 겸손히 네 하나님과 함께 행하는 것"입니다.

묵상을 돕기 위해서, 하나의 삼각형을 그리고 그 위에 "선한 것"이라고 적으십시오. 각 변 옆에 앞에서 인용된 미가의 세 가지 구절을 적으십시오. 이 삼각형이 예수께서 요구하시는 의로운 생활과 실천을 위한 훈련이라고 생각하면서 묵상하십시오.

이 상징과 "선한 것"을 실천하는 세 가지 방법을 통해서 지난 한 주간의 삶을 검토해 보십시오. 하나님이 요구하시는 삶을 위한 이 세 가지 훈련 중 당신이 실천한 것이 무엇이며 실천하지 못한 것이 무엇인지 생각하고 기록하십시오.

마지막으로 기도하면서 하나님 및 그리스도께서 세상에 오셔서 주신 선한 생명을 향한 갈망을 표현하십시오.

과제 4: 갈급한 세상으로 흘러 들어가 가득 채우십시오.

요한복음 7:37-39을 읽으십시오. 데이비드 렌스버거는 예수님의 말씀에 대해 다음과 같이 응답합니다:

우리 안에서 솟아나는 성령은 우리 주위의 갈급한 세상으로 흘러들어갈 수 있다. 따라서 세상 자체가 하나님의 사랑 안에서 마실 때에 하나님의 뜻을 향한 우리의 갈망, 세상에서 "의가 승리하는 것을 보려는" 갈망이 충족될 수 있다.[8)]

이 말은 우리가 찾는 의가 예수님의 생명 안에서 성취되었다는 것, 그리고 예수님의 생명이 성령의 은사를 통해서 우리 안에서 작동하기 시작한다는 것을 상기시켜 줍니다. 눈을 감고 기도하면서 예수께로 나아가십시오. 당신의 목마른 영혼을 신선하고 깨끗한 물처럼 예수님을 통과해서 흐르는 살아 계신 하나님의 영에게 개방하십시오. 그 물을 마시고, 당신을 배부르게 해준 물이 당신의 마음에서 흘러나가 당신과 관련된 갈급한 곳으로 흘러 들어가게 하십시오. 잠시 기도의 초점을 예수님과 함께 "나를 믿는 자는 그 배에서 생수의 강이 흘러나리라"는 구절에 두십시오.

당신의 경험을 기록하고, 다음과 같은 질문에 대해 묵상하십시오. "당신이 그 흐름 안에 머문다는 것은 무엇을 의미하는가? 만일 당신이 예수님의 사랑 안에서 살고자 한다면, 당신의 내면에서 물을 충분히 흡수해야 할 메마른 곳은 어디인가? 당신을 통해서 생명의 물이 흐를 때에 유익을 얻게 될 목마른 사람들은 누구인가?"

과제 5: 주님의 영 안에서 사십시오.

누가복음 4:16-19, 20-30을 읽으십시오. 이 부분에서 예수님은 이사야서(61:1-2)를 읽으시면서 성령께서 자신에게 능력을 주시고 보내사 구원하는 사명을 행하게 하셨다고 선포하십니다. 주님의 사명을 진술한 각 구절을 일지에 적어 보십시오. 그리고 각각의 사명에 대해 묵상하십시오. 각각의 사명의 의미를 찾아보십시오. 그에 대한 당신의 생각과 질문을 기록하십시오.

이 사명을 훑어보십시오. 특정 인물이나 상황과 관련하여 모든 것이 바르게 되고 있을 때, 특별히 당신으로 하여금 갈망하게 만드는 것은 무엇입니까? 당신에게 있어서 이 사명들은 무엇을 의미합니까?

하나의 사명을 선택하십시오. 예수님은 그 시대에 이 사명을 어떻게 성취하셨으며, 오늘날 그것을 성취하는 일에 당신은 어떻게 참여할 것인지 탐구해 보십시오. "주의 성령이 내게 임하셨으니 이는 ______________________하게 하기 위함이라"고 기도하면서 밑줄 부분에 당신이 선택한 사명을 적어 넣으십시오. 오늘 하루, 이 사명을 인정하며 사람들을 위해 하나님의 약속의 성

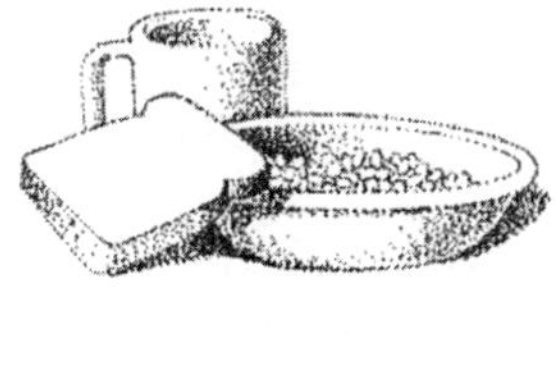

취에 기꺼이 참여하기 위해서 당신이 할 수 있는 일이 무엇인지 알게 해 달라고 성령께 청원하십시오. 그 결과를 기록하십시오.

다음 소그룹 모임을 위해서 일지에 기록한 것들을 검토해 보십시오.

제16주

자비로움의 지혜

"긍휼히 여기는 자는 복이 있나니 저희가 긍휼히 여김을 받을 것임이요."

에드워드 파렐(Edward Farrell)은 삼촌의 팔순 잔치에 참석하기 위해서 아일랜드로 갔습니다. 식구들은 잔칫날 아침 일찍 일어나서 킬라니 호수 위로 해가 뜨는 모습을 지켜보았습니다. 그들은 20분 동안 말없이 서 있었습니다. 이윽고 삼촌이 환하게 미소를 지으면서 해변을 가볍게 뛰기 시작했습니다. 에드워드는 "삼촌은 무엇이 그렇게 행복하세요?"라고 물었습니다. 삼촌은 "얘야, 아버지께서는 나를 사랑하신단다. 나를 무척 사랑하신단다"라고 말씀하셨는데, 늙은 삼촌의 얼굴에는 눈물이 흐르고 있었습니다.[1]

> 우리는 외면적인 잣대로 심판받는 것이 아니라, 하나님이 지으신 우리 자신의 진리로써 심판을 받는다.
> —Simon Tugwell

당신은 하나님께서 정말 당신을 사랑하신다고 믿습니까? 그렇다면 당신은 하나님이 자비하시다는 진리를 받아들인 사람입니다. 성경은 하나님의 긍휼하신 마음을 보여줍니다. "이는 우리 하나님의 긍휼을 인함이라 이로써 돋는 해가 위로부터 우리에게 임하여 어두움과 죽음의 그늘에 앉은 자에게 비취고 우리 발을 평강의 길로 인도하시리로다 하니라"(눅 1:77-79). "우리 구주 하나님의 자비와 사람 사랑하심을 나타내실 때에 우리를 구원하시되 우리의 행한 바 의로운 행위로 말미암지 아니하고 오직 그의 긍휼하심을 좇아 중생의 씻음과 성령의 새롭게 하심으로 하셨나니"(딛 3:4-5). 긍휼과 자비는 하나님의 본성입니다. 우리는 예수 그리스도의 얼굴에서 그것들을 보며, 그분의 가르침 안에서 그것들을 듣습니다.

이 복은 우리에게 하나님이 보여주시는 자비에 참여함으로써 그 복을 충만하게 받으라고 말합니다. 이 복은 공평함에 대한 우리의 의식과 일치하기 때문에, 우리에게는 이의 없이 이 복을 받아들이려는 경향이 있습니다. 이 말씀 안에는 우리 마음을 편안하게 해주며 인류에게 소망을 주는 부드러움, 치유의 위로가 들어 있습니다. 그러나 이것은 하나님이 자비로우신 것처럼 우리가 쉽게 자비로울 수 있다는 의미가 아닙니다. 하나님이 사랑하시는 것처럼 사랑하는 법을 배우려면 시간과 갈등, 그리고 큰 은혜가 필요합니다.

의를 향한 열망은 불의한 사람에 대한 몰인정한 감정으로 이어질 수 있습니다. 긍휼을 상기시켜 주는 내용 직후에 의를 향한 갈망에 관련된 복이 언급되는 것은 결코 우연한 일이 아닐 것입니다. 그것은 마치 예수께서 "너는 관대하지 못하고 비판적인 사람이 되기 위해서 바른 질서를 향한 열망을 허락해서는 안 될 것이다"라고 말씀하시는 것과 같습니다. 하나님께서 인간의 죄에 직면하여 행하시는 일은 학대하는 자와 학대받는 자 등 모든 사람들의 회심과 구속입니다. 하나님의 바른 질서를 갈망하는 법을 배운 사람들은 이러한 소망을 갖는 데 있어서 하나님을 닮으며, 하나님의 구속하시는 사랑의 창조적 계획에 참여합니다. 솔직히 말해서 우리가 하나님의 형상으로부터 아무리 멀어져 있어도 하

> 이 용서의 은사를 통해 하나님은 모든 사람이 매긴 채점표와 선포들을 헛되이 만드신다.
> —Rodger Nishioka Judy Kuo

나님은 우리 모두를 극진히 사랑하십니다.

하나님의 자비

하나님의 자비의 깊이는 우리의 자비의 유일한 참 기초가 됩니다. 하나님의 자비는 우리를 죄의 그물에서 놓아주며, 우리로 하여금 자유로이 다시 하나님의 통치를 선택하게 해줍니다. 자비는 하나님의 바른 질서의 일부, 하나님 나라의 진리의 주된 특징입니다. 그러나 우리는 자비와 정의가 서로 반대된다거나, 적어도 심각한 긴장 상태를 유지한다고 생각하는 경향이 있습니다.

인간의 지적 의미의 틀에서 자비는 단지 정의라는 센물 안에 있는 "연화제"에 불과합니다. 즉 판사의 판결문 안에 담긴 자비로운 필치입니다. 그러나 하나님의 틀에서 보면, 자비와 정의는 하나의 조직을 이루는 기본 구조입니다. 그것은 하나님의 통치 안에 있는 공정한 질서의 일부입니다. 위대한 성녀인 리주의 테레사는 "하나님이 의로우시다는 것, 하나님께서 우리의 연약함을 참작하신다는 것, 우리 본성의 연약함을 완전히 하신다는 것을 생각하면 무척 기쁩니다"라고 말했습니다.[2] 반면에 하나님의 공의의 일부인 자비는 단순히 우리로 하여금 죄의 유혹을 벗어나게 해주는 것이 아닙니다. 하나님은 우리를 무척 사랑하시기 때문에 비효율적인 싸구려 은혜를 주시지 않습니다. 우리는 자신의 죄의 결과를 감수합니다. 그러나 만일 우리가 자비를 선택한다면 그것은 모든 것을 달리 보고 달리 사는 기회를 우리에게 제공합니다. 자비는 무척 강하고 유연하고 현실적입니다. 이 자비 안에는 큰 지혜가 있습니다.

하나님의 속성이요 활동인 자비는 우리를 참가자로 끌어들입니다. 예수님은 자비를 통해서 우리를 불러 하나님의 주된 특성인 사랑으로 들어가게 하십니다. 예수님은 우리에게 그것을 받아들이며 세상에서 그 치유의 영향력을 확대하라고 촉구하십니다. 이러한 자비의 행동들은 우리가 진실로 하나님의 자녀요 상속자이며 형상이라는 것을 보여줍니다. 누가복음은 이러한 관계를 분명히 강조하고 있습니다.

> "그러나 너희 듣는 자에게 내가 이르노니 너희 원수를 사랑하며 너희를 미워하는 자를 선대하며 너희를 저주하는 자를 위하여 축복하며 너희를 모욕하는 자를 위하여 기도하라… 오직 너희는 원수를 사랑하고 선대하며 아무것도 바라지 말고 빌리라 그리하면 너희 상이 클 것이요 또 지극히 높으신 이의 아들이 되리니 그는 은혜를 모르는 자와 악한 자에게도 인자로우시니라 너희 아버지의 자비하심같이 너희도 자비하라"(눅 6:27-28, 35-36).

성경은 끊임없이 하나님의 자비를 강조합니다. 히브리어로 *hesed*는 종종 "인자"라고 번역됩니다. 이 용어의 유사어로는 혈연관계의 사랑, 깊은 동정심, 자비 등이 있습니다. *hesed*는 예수님과 그분의 삶에서 잘 나타나는 하나님의 주된 특징입니다.

> 하나님의 관심과 우리들의 관심은 맨 나중과 가장 천한 사람을 향해야 한다.
> —Wendy M. Wright

우리가 하나님처럼 자비하려면 우리 자신에게 무엇보다도 자비가 필요하다는 것을 알아야 합니다. 그 문제와 관련하여 우리의 죄가 다른 사람들의 죄보다 더 심각하다거나 덜 심각하다고 생각하는 것은 그리 소용이 없습니다. 우리는 모두 침몰하는 배에 타고 있으므로 죄를 비교하는 것은 허울 좋은 일에 불과합니다. 하나님께서 우리를 어떤 존재로 지으셨는지를 안다는 것은 곧 우리가 완전히 깨졌다는 것과 완전한 회복의 가능성이 있음을 안다는 것입니다. 우리는 모두 하나님의 형상으로 지음을 받았으므로 이 두 가지 진리는 자신뿐 아니라 모든 인간에게 적용됩니다. 누구나 빠짐없이 하나님의 은혜로 새 생명을 얻을 수 있습니다. 사람들은 변할 수 있고 변화됩니다. 하나님의 말씀에는 "우리를 사망에서 생명으로, 재앙에서 완전함으로…비존재에서 존재로 인도할 수 있는 무진장한 힘"이 있습니다.[3)]

예수님은 우리가 비교하며 판단하는 것이 어리석은 일임을 알고 계십니다. 예수님은 우리 눈에 들보가 박혀 있으면서 이웃의 눈에 들어간 티를 꺼내려 하는 위선을 지적하십니다. 죄를 비교하는 것은 우리 자신의 어리석음을 드러내 줍니다. 우리 눈에 박힌 들보는 우리 죄의 "크기"를 의미하는 것이 아니라 겸손과 이웃사랑의 부족을 말합니다. 이처럼 큰 장애물을 가지고 있는 사람은 시야가 분명하지 않기 때문에 이웃의 허물을 판단할 수 없습니다.

하나님처럼 자비로운 것은 행복한 상태를 만들어 냅니다. 그것은 우리를 모든 인류와 합류하게 만들므로, 우리는 가상의 우월감을 가질 필요가 없습니다. 그것은 우리가 얼마나 쉽게 잘못을 범할 수 있는지, 유혹과 속임수의 그물이 얼마나 미묘한 것인지, 그리고 바르게 살려는 사람들의 내면의 투쟁에 대해 우리가 알고 있는 것이 얼마나 부적절한 것인지를 기억하게 해줍니다.

로버트 모리스(Robert Morris)는 어머니가 세상을 떠나신 후에 늙은 아버지를 모시면서 겪은 갈등에 대해서 이야기합니다. 그의 아버지는 "성격이 거칠고 비판적이고 천박한 말을 사용하며 화를 잘 내는" 분이었습니다. 로버트는 사랑하라는 그리스도의 명령에 순종하여 어쩔 수 없이 서서히 아버지를 위해 기도하고 일종의 전문적인 감정 이입을 제공하기 시작했습니다. 그는 아버지의 행동 배후에 두려움과 고통이 있음을 깨닫기 시작했습니다. 그리고

아버지의 오래된 노염의 근저에서 좌절된 사랑을 발견했습니다. 그는 이렇게 말했습니다: "세월이 흐르면서 서서히 자비로운 친절이 나타나기 시작했습니다. 나는 아버지께서 자신의 성질과 난폭한 행동을 억제하기 위해 실제로 힘들게 싸워 오셨다는 것을 깨닫기 시작했습니다."[4] 마침내 로버트는 청년 시절의 아버지에 대한 생생한 꿈을 꾸었는데, 꿈에서 깨어나면서 자신의 마음에서 자비가 분노를 정복했다는 것을 알게 되었습니다. 그는 분노의 감옥에서 해방되었음을 느꼈습니다. 그는 자비의 지혜를 받아들이고 자비로운 사람의 행복을 발견했습니다.

자비의 대가와 자비를 받아들이는 데 대한 약속은 "내가 네 등을 긁어 주고, 너는 내 등을 긁어 준다"는 식의 가정이나 주고받는 "영적 거래"가 아닙니다. 팔복 중에서 이 복은 깊은 관계의 내적 원리를 표현합니다. 그것은 "용서하라 그리하면 너희가 용서를 받을 것이요 주라 그리하면 너희에게 줄 것이니"(눅 6:37-38)라고 하신 예수님 말씀의 배후에 있는 것과 동일한 관계입니다. 만일 친구를 원한다면, 우리가 친구가 되어야 합니다. 자비를 얻으려면 자비를 나타내야 합니다. 이웃을 향한 우리의 자비는 곧 우리가 하나님이 주시는 자비를 받을 준비가 되어 있음을 보여줍니다. 그러한 원동력을 다음과 같이 표현할 수도 있습니다:

"다른 사람들의 괴로움을 즐거이 받아들이십시오. 그리하면 당신이 괴로울 때에 다른 사람들의 마음에서 당신이 이타적으로 뿌려놓은 것의 열매를 거둘 것입니다."[5]

자비의 씨 뿌림

우리가 자비를 행하는 태는 영원히 변화하는 삶의 흐름으로부터 무한히 다양하게 나타납니다. 각각의 형태의 근원은 겸손과 사랑입니다. 우리는 판단을 삼가는 것 외에 다른 사람들의 손해나 결점, 불행을 즐거워하는 것을 삼가야 합니다. 이 흔하면서도 은밀한 형태의 무자비함은 질투의 늪에서 자라며, 우월감을 느끼려는 우리의 욕망을 충족시켜 줍니다. 그것을 우리의 마음에서 발견한다면 기분이 좋지 않을 것입니다.

자비는 판단과 질투를 삼가는 것을 능가하는 많은 적극적인 형태를 취합니다. 존 맥키스톤(John McQuiston)은 베네딕트의 규칙을 의역하면서 다음과 같이 "바른 관계"를 열거합니다:

불행한 사람들의 고통을 제거해 주는 것,
병자들을 찾아가는 것,
궁핍한 사람들에게 옷을 주는 것,
학대받는 사람들에게 거할 곳을 제공하는 것,
고난당하는 사람들을 지원해 주는 것,
좋은 기분을 장려하는 것,
원수를 용서하는 것,
연약한 사람들에게 자비를 베푸는 것.[6]

이웃과 함께 기꺼이 고통스러운 곳으로 가려 하는 사람들은 자비의 참된 행복을 발견할 것입니다. 우리는 친척 관계나 우정 때문에 어쩔 수 없는 경우가 아닌 한 소아암 병동을 방문하려 하지 않습니다. 어떤 사람들은 죽어가는 어린아이들의 허약한 몸이나 그 부모들의 절망적인 시선을 차마 볼 수 없을 것이라고 상상합

> 긍휼히 여기는 자는 모든 사람에 대한 동정심으로 인하여 자신이 가진 것을 궁핍한 자들과 세상과 기쁘게 나누기를 원하는 자이다.
> —Clarence Jordan

니다. 그러나 자비의 봉사로서 그 병동을 방문하는 사람들은 종종 말할 수 없이 큰 보상을 받습니다. 슬픔 속에서 보살핌을 주는 사람과 받는 사람이 주고받는 말과 몸짓, 반응 등은 양측 모두에게 영속적인 기쁨을 가져다줄 수 있습니다.[7]

자비는 우리로 하여금 모든 인간 생활의 불행을 공감하게 해줍니다. 자신에게 하나님의 자비가 필요하다는 것을 확신할 때 우리는 처지나 성품에 관계없이 모든 사람들의 감정에 공감할 수 있습니다. 폴 존스(W. Paul Jones)는 어느 사형수를 방문했던 일에 대해 강력한 내용의 글을 씁니다. "살인죄로 갇힌 이 사람을 방문할 때마다 매번 그 인간성이 분명하게 드러났습니다. 그는 구원을 간절히 원했습니다. 누가 하나님의 자비 위에 있습니까? 누가 우리의 자비 위에 있습니까?"

우리는 겸손과 하나님의 공정한 통치에 대한 갈망에 기초를 두고서 온순한 마음에서 후한 마음으로, 온유함에서 자비로 나아갑니다. 자비는 의의 자연적인 결과입니다. 즉 "참된 하나님 사랑과 인간성에 기초를 둔 활발하고 즐거운 내면의 의"입니다.[8] 이처럼 뻗어 나가는 사랑과 자비는 하나님 나라의 삶의 직접적인 표현이 됩니다. 만일 우리가 하나님의 사랑을 우리 자신을 위해 간직한다면, 그것은 마치 먹지 않고 보관해 둔 만나처럼 사라질 것입니다. "남에게 주는 것도 일종의 소유 상태입니다."[9] 구제할 때에 우리 자신은 크게 성장하며, 이웃과의 교제 안에서 하나님의 생명을 향한 우리의 갈망이 충족됩니다.

여기에 이 복의 역설이 있습니다: 하나님 나라의 경륜 안에서는, 우리가 다른 사람에게 주는 것은 감소되지 않고 증가합니다. 하나님 나라의 수학은 빼기나 나누기가 아니라 더하기와 곱하기에 기초를 둡니다. 베드로가 용서에 관해서 자신의 셈법을 정리하려 했을 때, 예수님은 그가 계산할 수 없는 대답을 하셨습니다

(70 x 7). 하나님은 우리에게 계산을 하여 주시는 것이 아니며, 우리도 계산을 하지 말고 즐겁게 포기하며 주어야 합니다. 자비는 하나님의 풍성한 마음—풍성한 용서와 은혜와 치유와 생명과 기쁨—에서 나옵니다. 토머스 머튼은 이 신비를 하나님의 마음은 "자비 안에 있는 자비 안에 있는 자비"라고 묘사합니다.[10] 이것이 자비 안에 있는 심오한 지혜입니다. 이 은사를 알고 나누어주는 사람들은 정말로 행복한 사람들입니다.

매일의 과제

이번 주에는 특별히 당신이 보는 여러 가지 형태의 자비의 행동을 의식하면서 지내십시오. 먼저 금주의 본문을 읽고 생각을 일지에 기록하십시오. 매일의 과제들은 우리를 향한 하나님의 후히 주시는 자비를 의식하고 감사하며 살도록 촉구합니다. 매일 그날의 과제를 행하면서, 당신에게 열려 있는 하나님의 풍성한 자비를 의식함으로써 당신도 이웃에게 보다 후한 마음을 개방하십시오. 감사하며 겸손히 하나님 앞에 나아감으로써 매일의 묵상 시간을 준비하십시오.

과제 1: 예수님의 말씀을 들으십시오.

마태복음 4:23~5:7을 읽으십시오. 삶에서 만난 긍휼한 사람들의 목록을 작성하십시오. 그들을 생각하고 축복하면서 하나님께 그들을 들어 올리십시오. 각각의 이름 옆에 그들이 긍휼의 본보기가 된 경위, 또는 그들이 당신에게 행한 긍휼한 행동을 기록하십시오. 당신은 그들이 어떤 의미에서 "긍휼함을 얻을 것"이라고 생각하십니까?

이 복을 여러 번 소리 내어 읽으십시오. 당신에게는 그것이 무엇을 의미하는지 생각한 후에, 생각한 것을 한두 단락으로 정리해 보십시오.

마음을 열어 하나님의 자비의 은사를 받아들이십시오. 당신도 하나님처럼 자비할 수 있게 해 달라고 기도하십시오(눅 6:36을 보십시오). 당신 안에 이 은사를 원하지 않을 수도 있는 부분에 대해 하나님께 정직하게 말씀드리십시오. 그러나 그럼에도 불구하고 하나님의 자비 안에 쉬십시오.

과제 2: 하나님의 자비를 생각하십시오.

시편 103:1-5과 로마서 12:1-2을 읽으십시오. 각 절을 음미하기 위해 쉬면서 그 구절이 언급하는 자비를 당신이 어떤 식으로 경험했는지 회상함으로써 "여호와를 송축하며 그 모든 은택을 잊지 마십시오." 1-5절을 읽은 후에 당신이 하나님의 자비를 경험한 특수한 방법을 나름대로 표현하십시오(예를 들면 "나에게 호흡을 주셔서 또 하루를 살게 해주신 하나님", "나의 결혼생활을 치유해 주시는 하나님", "우리가 심각하게 분열되어 있을 때에 화목하게 해주시는 하나님"). 이 구절들을 일지에 기록하십시오.

예루살렘 성경에서는 로마서 12:1을 "하나님의 자비를 생각하며, 생각하는 존재에 합당한 방식으로 예배하고, 여러분의 살아 있는 몸을 거룩한 제물로 바치십시오"라고 표현합니다. 예수 그리스도 안에 나타난 하나님의 자비와 당신의 삶에 나타난 하나님의 자비에 대한 생각은 어떻게 당신의 사고방식을 형성하고 당신의 행위에 영향을 줍니까? 당신이 듣는 하나님의 초대나 자극은 어떤 것입니까?

하나님이 주신 모든 은혜에 대한 감사를 하나님께 표현하십시오. 당신이 듣는 하나님의 초대를 받아들이고 인정하십시오. 하나님께 당신의 삶에 완전한 자비의 은사를 달라고 기도하십시오.

과제 3: 사랑의 양동이를 채우십시오.

누가복음 7:36-50을 읽으십시오. 이 이야기에서 예수님은 많이 용서받은 사람은 많이 사랑하고, 적게 용서받은 사람은 적게 사랑하게 된다고 암시하십니다. 당신이 "죄 지은 여인"이라고 상상하십시오. 예수님 앞에서 받는 하나님의 "큰 사랑"과 영접의 은사에 흠뻑 젖으십시오. 그리고 당신 자신이 예수님 뒤에 서서 감사의 눈물과 사랑의 향유로 주님의 두 발을 적시고 있다고 상상하십시오. 돌아서서 당신을 바라보시는 주님의 얼굴은 누구의 얼굴입니까? 당신이 본 사람을 위해 계속 기도하십시오.

잠시 당신의 삶에서 사랑의 근원이요 공급원이 무엇인지 생각해 보십시오. 큰 양동이를 그리고, 그 안에 당신이 지금까지 받았으며 계속 당신을 향해 흐르고 있는 사랑과 영접과 용서의 상징들을 채워 넣으십시오. 그 꼭대기에 성령으로 말미암아 당신의 것이 된 사랑, 예수 그리스도 안에 있는 하나님의 큰 사랑을 그리십시오. 눈을 감고 마음을 열고 하나님에게서 부어지고 채워지는 끊임없는 사랑의 흐름을 받아들이십시오. 사람들과 상호 작용할 때에, 당신이 마음껏 끌어낼 수 있으며 사람들에게 나누어 사용되어야 하는 하나님의 넘쳐흐르는 자비를 생각하십시오. 당신의 경험을 일지에 기록하십시오.

과제 4: 장애물을 극복하고 자비를 행하십시오.

누가복음 13:10-17을 읽으십시오. 이것은 자비에 대해 말씀하신 많은 이야기들 중 하나입니다. 당신이 이 이야기에 등장하는 여인이라고 상상하십시오. 이 여인이 날마다 무엇을 보고 느꼈을지 그려 보십시오. 무엇이 이 여인을 꼬부라지게 했는지, 또는 기능을 상실한 영을 주었는지 생각해 보십시오. 이 여인이 하나님이나 사람들로부터 관심을 얻거나 도움을 받지 못하게 한 장애물이 무엇일지 생각해 보십시오. 주님이 몇 가지 단순한 행동으로 나

타내신 자비를 생각해 보십시오. 그 행동을 열거해 보십시오.

당신의 삶에서 환경에 의해 짓눌리거나 기능을 상실한 영에 시달리거나 자비를 거부하는 사람은 누구입니까? 각각의 상황에서 자비가 작용하지 못하게 하는 장애물은 무엇입니까? 예수님의 보살핌이 당신에게서부터 이 사람에게로 어떻게 흘러 나갈지 생각해 보십시오. 세상을 다르게 만들고 자비의 장애물을 극복할 수 있는 작은 행동들이 무엇일지 생각해 보십시오.

당신이 생각한 사람을 위해 기도하십시오. 예수님이라면 당신을 통해서 어떻게 행동하실 것이며, 또 어떻게 행동하실 수 있을지 상상해 보십시오. 당신의 생각을 기록하십시오.

과제 5: 날마다 그리스도의 자비로 옷 입으십시오.

골로새서 3:12-15을 읽으십시오. "긍휼과 자비와 겸손과 온유와 오래 참음을 옷 입고"는 영성 훈련을 말합니다. 이 구절을 천천히 다시 읽으십시오. 이 구절에서 그리스도로 옷 입는 것에 대해 말한 것들을 모두 열거하십시오. 당신이 그리스도의 이 모든 특성으로 옷 입는다고 상상하십시오. 그렇게 하면서 벗어버려야 할 "낡은 옷"이 무엇인지 주목하십시오.

날마다 옷을 입을 때에 일종의 기도 행위로서 그리스도로 옷 입으려고 노력하십시오. 그리스도로 옷을 입고 지내는 방법으로서 이 본문 중 한 구절을 암송하십시오. 이러한 수련이 당신의 일상적인 상호 작용에 어떠한 영향을 미치는지 생각해 보십시오. 그리고 그것을 일지에 기록하십시오.

다음 주 소그룹 모임을 위해서 일지에 기록한 것을 검토해 보십시오.

제7주

하나님을 볼 것이요

"마음이 청결한 자는 복이 있나니 저희가 하나님을 볼 것임이요."

이 복은 팔복 중에서 가장 신비하고 뛰어난 복일 것입니다. 분명히 이 복에는 우리가 생각할 수 있는 가장 매력적인 약속, 즉 생명의 근원 되시는 분의 영광과 생기를 보리라는 약속이 담겨 있습니다. 그러나 이 말씀의 의미는 자명하지 않으며 깊은 생각을 하게 합니다. "마음의 청결"이란 정확하게 무엇입니까? 그리고 우리가 어떻게 "하나님을 봅니까?"

청결한 마음: 내면의 수원(水源)의 정화

나는 최근에 내가 선호하지 않는 방식으로 내 마음이 나에게 드러나는 경험을 했습니다. 나는 이사를 앞두고 집 수리를 위해서 어느 사람과 협상을 하고 있었습니다. 그 사람은 매우 솜씨가 좋

다고 해서 소개를 받았습니다. 나는 그 사람에게 수표로 지불하거나, 그에게서 현금 영수증을 받으려 했습니다. 그러나 그 사람은 현금을 받되 영수증은 주지 않으려 했습니다. 항상 그런 식으로 일해 왔다고 합니다. 나는 그 사람에게 내가 제시하는 두 가지 지불 조건 중 하나를 받아들여야 하는 이유를 이성적으로 설명하려 했지만, 그는 자기의 입장을 고수했습니다. 아무리 설득시키려고 노력해도 소용이 없었습니다.

지금 내가 제시하고자 하는 요점은 내가 처한 상황의 유리한 점과 거의 상관이 없습니다. 당시 내가 관심을 둔 것은 나의 반응이었습니다. 가슴이 뛰면서 속에서 열기와 분노가 솟아올랐습니다. 나의 "전투적" 반응은 지성과 감정과 의지를 동원하여 이 사람에게 내가 제시한 방법들 중 하나를 선택해야 함을 납득시키려 했습니다. 나는 이 사람과 이야기를 하면서도 내가 이러한 반응을 원하지 않는다는 것을 의식했습니다. 내가 침착하고 이성적으로 대화하는 것처럼 보였지만, 내면은 전혀 명쾌하거나 평화롭지 않았습니다. 기진맥진하고 패배했다는 느낌으로 대화를 마치면서, 나는 내 마음이 나에게 드러났었음을 깨달았습니다.

어떤 사건들이 우리의 마음 상태를 말해 준다는 것은 단순히 감정을 의미하는 것이 아닙니다. 우리는 마음이라고 하면 주로 감정과 정서를 생각합니다. 그러나 성경 시대에 마음은 인간의 내면 생활, 특히 정신, 의지의 총체였습니다. "우리의 모든 반작용과 갈망의 근원"은 마음이며,[1] 이 마음에서부터 선과 악이 솟아날 수 있습니다. 따라서 이 복의 의미는 "내면에 삶의 깨끗한 근원을 가진 사람이 복되다"입니다.[2]

청결(purity)과 관련된 의미들에 대해 잠시 생각해 보십시오. 그것은 깨끗한 물(pure water)의 경우처럼 깨끗함을 의미할 수 있고; 순금(pure gold)에서 처럼 다른 것이 섞이지 않은 단일 본

질을 의미할 수 있고; 순수한 유동식(pure liquid diet)처럼 유일한 것을 의미할 수도 있습니다. 도덕적인 용어로 사용될 때에는 허물이나 얼룩이 없음을 의미할 수도 있습니다. 또 청결에는 성실, 정직, 통일성이라는 의미도 함축되어 있습니다. 시편 24편에서는 "여호와의 산에 오를 자 누구며 그 거룩한 곳에 설 자가 누군고 곧 손이 깨끗하며 마음이 청결하며 뜻을 허탄한 데 두지 아니하며 거짓 맹세치 아니하는 자로다"라고 말합니다. 청결한 마음은 두 마음을 품거나 속임수 등이 혼합되지 않은 마음입니다. 그것은 그 뜻을 하나님을 향해 통일한 단순한 마음입니다. 위대한 기독교 철학자인 죄렌 키르케고르는 "청결한 마음은 한 가지를 원해야 한다"고 믿었습니다.

청결이란 앞에서 언급한 복들을 모두 종합하는 놀라운 단어입니다. "그것은 하나의 덕목이 아니라 덕목들 전체입니다."[3] 우리는 각각의 복을 통해서—하나님이 절대적으로 필요하다는 것을 겸손히 인정하고, 자신의 타락하고 허물 많은 상태를 슬퍼하며, 관대하면서도 분명한 의도를 가지고 온유하게 행하며, 하나님의 의로운 통치를 점점 더 갈망하고, 모든 사람들에게 자발적으로 공평하게 자비를 행하면서—청결에 이릅니다. 이것이 청결한 마음에 이르는 길입니다.

단순성이란 가장 값진 하나님과의 관계에 초점을 맞추는 것이다.
—Ann Hagmann

그렇다면 우리 마음의 상태는 어떠합니까? 우리 안에 있는 생명의 원천은 얼마나 깨끗합니까? 하나님은 우리 안에 하나님의 형상을 두셨습니다. 깨끗한 물이 그 위에 있는 것의 형상을 반영하듯이, 우리도 하나님의 형상을 반영해야 합니다. 그러나 우리는 자신의 삶을 결정하기 위해서 물을 흐리게 만들었습니다. 우리는 사물의 핵심에 이르지 못하는 청결의 외적 표현들에 만족하는 경향이 있습니다.

경건이나 청결의 외적인 형태들은 예수님을 감동시키지 못했습니다. 손과 그릇을 씻는 것은 바리새인들에게는 소중한 일이었지만 예수님에게는 그리 중요하지 않았습니다(막 7:2-4을 보십시오). 예수님 시대의 유대인들은 사람을 더럽게 하는 것에 큰 관심을 가지고 있었습니다. 예수님은 "사람에게서 나오는 그것이 사람을 더럽게 하느니라 속에서 곧 사람의 마음에서 나오는 것은 악한 생각"이라고 말씀하셨습니다(막 7:20-21). 하나님은 표면적인 것 밑에 있는 동기와 의도에 관심을 두십니다. 실제로 하나님은 아주 분명하게 마음을 보십니다.

자신에게 다음과 같이 질문해 보십시오.

- 예기치 않은 일이 발생할 때에 나는 어떻게 생각하거나 반응하는가?
- 어떤 사람이 나를 속이거나 불친절한 말을 할 때에, 나의 내면에서 나오는 무의식적인 반응은 어떤 것인가?
- 누군가가 나를 칭찬할 때 본능적으로 어떻게 반응하는가?

위에 열거한 것과 같은 순간에 나타내는 반응들은 매우 의미심장한 것일 수 있습니다. 그것들은 삶에 대한 우리 내면의 방향, 우리를 지배하는 의지와 생각의 습관들을 보여줍니다. 내가 집수리를 위해 인부와 대화하면서 내면의 반응을 의식하게 되었듯이, 돌연한 상황들에 대한 자신의 반응을 관찰하는 일은 자기 인식에 유익한 훈련이 될 수 있습니다.

다행히도 우리의 유익하지 못한 자발적인 반응들은 변화될 수 있습니다. 하나님은 우리에게 깨끗한 마음을 주려 하시며, 우리 안에 "정한 마음을 창조하시고 내 안에 정직한 영을 새롭게" 하려 하십니다(시 51:10). 요한복음에서 예수님은 성경을 인용하여 "나를 믿는 자는 성경에 이름과 같이 그 배에서 생수의 강이 흘

러나리라"(요 7:37-38)고 말씀하십니다. 예수님은 신자들이 받을 성령, 곧 우리 마음의 혼탁한 물을 대신하기 위해서 내면에서 솟아오르는 깨끗한 물의 근원을 언급하십니다. 흐린 물이 깨끗해지면, 마음은 다시 보기 시작합니다.

하나님을 보는 것, 그리고 하나님처럼 보는 것

하나님을 보는 것과 관련하여 성경은 더 큰 역설을 제공합니다. 하나님의 얼굴을 보는 사람은 살지 못하지만, 모세는 하나님과 "대면하여" 이야기했습니다(출 33:11). 하나님은 눈에 보이지 않지만, 예수님은 "보이지 아니하시는 하나님의 형상"이십니다(골 1:15). 심지어 예수님은 빌립에게 "나를 본 자는 아버지를 보았거늘"이라고 말씀하십니다(요 14:9). "보는 것"이라는 단어에도 여러 가지 의미가 있습니다. 물리적으로 보는 것 외에 이해력, 인식, 통찰, 그리고 영적/지적 시각을 나타내는 은유로서 사용됩니다. 우리는 은유적인 방식으로 하나님을 볼 수 있습니다.

불결함이란 하나님을 제외하고 다른 모든 것을 보는 것이다. 말하자면 그것은 아무 것도 보지 않는 것이다.
—Percy C. Ainsworth

하나님을 보는 일은 단순히 신비가들이나 선지자들만 아니라 모든 사람들에게 제공된 약속입니다. 게다가 그것은 내세만 아니라 현세를 위한 것이기도 합니다. 물론 하나님을 완전하게 보는 것은 장래에 이루어질 것입니다: "우리가 이제는 거울로 보는 것 같이 희미하나 그 때에는 얼굴과 얼굴을 대하여 볼 것이요"(고전 13:12). 그러나 우리로 하여금 현세에서 "하나님을 볼 수" 있게 해주는 특성인 "믿음과 소망과 사랑은 항상 있을 것입니다." 믿음과 소망과 사랑은 깨끗한 마음의 표현들입니다. 그것들은 하나님의 나라가 가깝다는 것을 인식하는 데, 그리고 그 나라를 가깝게 해주는 데 도움이 됩니다. 이 복은 "우리가 존재하므로 본다"는 심오한 진리를 구체화합니다.

우리는 자신의 내면 상태가 종종 인생관을 결정한다는 것을 압니다. 우리의 건강이 좋지 않거나 우울할 때에는 밝은 낮에 쾌활한 친구와 함께 있어도 모든 것이 어둡고 답답하게 보입니다. 그러나 행복할 때에는 날씨가 흐리거나 친구들이 아무리 냉소적이어도 모든 것이 낙관적으로 보입니다. 기분의 변화가 사물을 보는 태도에 큰 영향을 미칠진대, 마음의 영속적인 기질이 미치는 영향은 말할 필요가 없을 것입니다. 마음에 의심이 가득하면 사람들과 사건들을 의심스럽게 볼 것입니다. 그러나 마음에 사랑이 가득하면 사방에서 사랑의 증거를 발견할 것입니다.

만일 우리의 내면에서 하나님의 깨끗하고 신선한 생명의 샘을 발견한다면 무슨 일이 발생할까요? 그것이 바로 "이제는 내가 산 것이 아니요 오직 내 안에 그리스도께서 사신 것이라"(갈 2:20)고 말한 바울이 발견한 것입니다. 만일 믿음과 소망과 사랑이 우리 마음의 영속적인 습관이 되었다면, 우리는 하나님이 내면에 거하신다는 것을 알 것입니다. 우리의 시각이 이기심으로 흐려지지 않았다면 사방에서 하나님을 보며 하나님처럼 보기 시작할 것입니다.

사물의 본연의 모습을 보는 것이 곧 하나님처럼 보는 것입니다. 하나님은 선, 빛, 영원한 기쁨을 보십니다. 하나님은 하나님 자신의 마음에서 원하고 의도하신 대로 피조물을 보십니다. 이런 까닭에 하박국 선지자는 하나님에 대해서 "주께서는 눈이 정결하시므로 악을 참아 보지 못하시며"라고 말하며(합 1:13), 디도는 "깨끗한 자들에게는 모든 것이 깨끗하다"(딛 1:15)라고 말합니다. 어느 작가는 그것을 다음과 같이 표현합니다: "깨끗한 마음을 갖는다는 것은 당신이 어디에서 무엇을 바라보든지, 당신이 보는

것이 하나님이라는 것을 의미합니다."[4]

만물 안에서 하나님을 본다는 것은 지음을 받은 모든 것 안에서 하나님의 흔적을 본다는 의미입니다. 위대한 안토니는 좋은 책들을 빼앗기고서도 어떻게 행복할 수 있느냐고 질문하는 학자에게 "오, 철학자여, 내 책은 피조물의 자연 세계입니다. 내가 하나님의 말씀을 읽고 싶을 때면, 그 책이 내 앞에 펼쳐져 있습니다"[5]라고 대답했습니다. 기독교 신비가인 마이스터 에크하르트는 만물 안에서 하나님을 인식하라고 말합니다: "하나하나의 피조물은 하나님의 책이며, 그 안에 하나님이 가득합니다."[6] 당신은 피조 세계의 어디에서 하나님을 봅니까?

우리는 하나님의 내재성의 감각, 하나님을 보는 감각, 어디에도 계시고 사물 안에 계시며 자연 안에 계시며 모든 장소에 계시는 하나님을 보는 감각을 길러야 한다.
—Carlo Caretto

만물 안에서 하나님을 보는 것은 모든 인간과 인간적 상황 안에서 하나님의 현존을 인식하는 것을 포함합니다. 아주 작은 애벌레가 "하나님에 대한 책"일진대, 하나님의 모습과 형상으로 지음을 받은 인간은 여러 권의 책이라고 할 수 있을 것입니다. 위대한 종교개혁자 마틴 루터는 다음과 같이 지혜롭게 말했습니다:

"광대함을 관통하여 보며 하나님을 보려 하는 사람들이 있습니다. 그보다는 깊음 속으로 빠져들어가 고통하는 사람들과 억압받는 사람들 가운에서 하나님을 발견하려 해야 합니다. 그 때에 마음은 교만에서 해방되어 하나님을 볼 수 있습니다."[7]

당신은 주위 사람들의 얼굴 어디에서 하나님을 봅니까? 빈궁한 사람들, 장애인들, 심지어 야비한 사람들의 눈에서 그리스도를 볼 수 있습니까? 고통, 볼꼴 사나움, 또는 죄에 의해서 아무리 흐려졌다 해도 하나님의 형상은 여전히 존재합니다. 당신은 볼 수 있을 만큼 충분한 사랑을 가지고 있습니까?

인간 생활과 자연에서 날마다 발생하는 일들 안에서 하나님을 본다는 것은 예술가나 시인이 표면이 아닌 그 너머를 보며 하나님의 현존과 거룩한 목적을 떠나서는 발견할 수 없는 의미를 통찰하는 것처럼 보는 것입니다. 은혜란 우리와 함께하시는 하나님의 현존, "우리의 삶 안에 있는 하나님의 적극적인 선하심"입니다.[8] 우리는 매일 어디에서 은혜를 감지합니까? 일상적인 것들을 통해 빛나는 하나님의 현존을 본다는 것은 진심에서 우러난 경이를 배양하는 것입니다.

당신은 이렇게 질문할지도 모릅니다: "악에 대해서는 어떠합니까? 악의 표면에서 하나님을 볼 수 있습니까?" 어느 영적 작가의 말에 의하면, 깨끗한 마음을 회복한 사람은 얼굴에서 매력적인 아름다움이나 추한 죄 등 무엇을 보아도 두려워하지 않는다고 합니다.[9] 깨끗한 마음이 우리의 시력을 분명히 해주면 악한 것을 선택한 사람들까지지도 선하게 보기 시작합니다. 우리는 어떤 것을 왜곡한 결과로 초래된 악도 본질적으로 선한 것임을 주목합니다. 예를 들어 성도착 증세는 종종 사랑을 향한 잘못된 욕망을 표현합니다. 책임을 지려는 잘못된 노력의 표현이 지나친 고행으로 나타나기도 합니다. 무질서한 상태에서 질서를 유지하려는 강한 욕구는 사람들을 통제하려는 욕구의 근원이 되기도 합니다. 선이나 인간성이 완전히 결여된 사람은 없습니다.

> 마음의 정결은 사물을 정화한다.… 그래서 죄조차도 하나님의 온전하신 비전과 하나님의 주권이라는 상황 안에서 볼 수 있다.
> —Simon Tugwell

게다가 "모든 것이 합력하여 선을 이루므로"(롬 8:28), 하나님은 세상을 위한 뜻의 경륜 안에서 우리의 죄까지도 사용하실 수 있습니다. 우주 안에서 악은 하나님과 대등한 독립된 힘이 아닙니다. "그것은 선의 내면에서 연약함으로 생겨나는 하나의 신비입니다."[10] 그리스도의 십자가는 가장 좋지 않은 악을 가장 큰 선으로 바꾸려는 하나님의 갈망과 능력을 예증해 줍니다. 깨끗한 마음은 우리로 하여금 온갖 종류의 악 안에서 하나님의 구속의 고난을 볼 수 있게 해줍니다. "깨끗한 마음을 소유하는 것은…그리스도의 마음을 닮은 마음을 소유하며, 인간의 모든 분노와 증오를 받아들여 무한한 사랑의 불 속에서 태워 없애는 것입니다."

[11] 진정한 변화에 대한 소망이란 무엇입니까?

마지막으로 우리는 모든 복의 본질로 돌아갑니다. 궁극적인 복은 하나님처럼 되는 것, 우리를 향한 광대한 사랑 안에서 하나님이 겸손하신 것처럼 겸손한 사랑으로 가득 차는 것입니다. 하나님께서 우리의 영적 질병과 사망으로 인해 슬퍼하시듯이, 우리는 자신의 깨진 언약 및 그로 인해 이 아름다운 세상에 도입된 사망을 슬퍼해야 합니다. 우리는 그리스도처럼 마음이 온유하며, 하늘에 계신 아버지처럼 자비하며, 하나님의 의를 닮은 의를 갈망하며, 하나님처럼 마음이 깨끗해야 합니다. 하나님을 닮는 것, 이것은 세상에서 최고의 행복이요 복입니다.

마음을 열고 성령의 은혜에 복종하는 사람들은 모두 하나님을 볼 수 있습니다. 성령은 서서히 돌 같은 우리 마음을 변화시켜 살리십니다(겔 36:26). 이 변화와 더불어 우리는 하나님을 보며, 하나님처럼 보기 시작합니다. 우리의 믿음이나 사랑이 아무리 크다 해도 우리는 완전히 깨끗하지 못합니다. 그러나 "소경의 눈에 손을 얹으셨던 분은 우리의 소경 된 마음을 고쳐 주려고 기다리고 계십니다."[12] 우리가 다음과 같은 서정시를 지은 시인의 지혜에 이르기를 바랍니다:

> "영원한 주님 내 승리의 주, 하늘의 기쁨을 주옵소서.
> 어떠한 고난이 닥쳐와도 소망 되소서. 만유의 주여."[13]

매일의 과제

제7주의 본문을 읽고 묵상하십시오. 지상 명령에 관한 예수님의 가르침(마 22:37)은 분명히 더러운 생각을 피할 뿐만 아니라 유일하신 하나님에 대한 믿음에 맞게 전심으로 헌신할 것을 요구합니다. 매일의 과제는 당신의 마음을 완전히 하나님께 바칠 기회를 제공합니다. 매일 묵상 시간을 갖기 전에 몇 분 동안 산만한 생각들을 정리하고 하나님의 지도하심을 기다리면서 준비하십시오. 과제 5는 다음번 소그룹 모임의 준비 단계가 됩니다.

과제 1: 예수님의 말씀을 들으십시오.

> 그러므로 우리가 보지 못하는 것은 우리가 존재하지 않는 것이다.
> —Pery C. Ainsworth

마태복음 5:1-8을 읽으십시오. 먼저 "하나님을 보는 것"의 의미에 초점을 두십시오. 이 세상에서, 그리고 살아가면서 당신이 하나님을 볼 수 있는 곳이 어디인지 기록하십시오. 또 세상에서 가장 하나님을 볼 수 없는 곳이 어디인지 기록하십시오. 각각의 경우에, 당신은 무엇을 기다립니까? 당신에게 있어서 "하나님을 본다는 것"은 무엇을 의미합니까?

이제 초점을 "깨끗한 마음"에 두십시오. 금주의 본문 중에서 "우리의 내적 상태가 인생관을 결정한다"는 내용을 기억하십시오. 이제게 당신이 하나님을 볼 수 있는 곳과 볼 수 없는 곳, 그리고 당신의 내면생활의 상태와의 관계를 묵상하십시오.

이 복에서 예수님이 축복하시고 환기시키시는 것이라고 생각되는 것을 당신 나름대로 표현하십시오. 몇 분 동안 이 복을 가지고 기도하십시오. 기도 중에 떠오르는 사람들을 하나님께 들어올리고 축복하십시오. 당신이 그들 안에서 하나님을 보지 못하게 하는 것이 무엇인지 깨닫게 해 달라고 부탁하십시오. 당신이 깨달은 것과 경험한 것을 기록하십시오.

과제 2: 하나님을 보는 시선을 계발하십시오.

마태복음 6:22-23을 읽으십시오. "당신의 눈이 성할 때" 자신의 삶을 어떻게 보는지 그림으로 그려 보십시오. "당신의 눈이 성하지 못할 때" 삶을 보는 방식을 그려 보십시오. 이 그림들이 당신 자신에 대해 드러내 주는 것은 무엇입니까?

센터링 기도를 실천함으로써 깨끗한 시선을 배양하십시오. 하나님, 깨끗함, 보다, 복됨, 마음 등 하나의 단어를 선택하십시오. 몇 분 동안 호흡의 리듬에 맞춰서 천천히 그 단어로 기도하십시오. 당신의 내면에 하나님을 위한 공간을 만들고, 집중하지 못하게 하는 생각이나 걱정을 내려놓으십시오.

이렇게 하면서 경험한 것을 기록하십시오. 이 경험은 당신이 보는 것에 어떠한 영향을 미칩니까? 시간을 갖고 이런 종류의 센터링 기도를 계속 실천하십시오.

과제 3: 먼저 하나님 나라를 구하십시오.

마태복음 6:24-33을 읽으십시오. 깨끗한 마음은 "일심으로"(시 86:11) "먼저 하나님 나라와 그 의를" 구합니다. 원을 그리십시오. 원의 중심에 당신이 "먼저 구하는 것"을 기록하십시오. 중심에서부터 외부로 나가면서 당신이 실제로 시간과 에너지를 사용하는 것들을 확인하십시오. 이 그림과 관련하여 당신이 편안하게 여기는 것은 무엇이며 그렇지 못한 것은 무엇입니까?

그러므로 영적으로 이중 삶을 사는 자는 절대 복 있는 사람이랄 수 없다. 그들의 상충하는 충성심은 불쌍하고 혼란스럽고 긴장을 조성하게 만든다. 그리고 동시에 두 주인에게 시선을 둔다는 것은 사팔뜨기로 만들 뿐이다.
—Clarence Jordan

몇 분 동안 센터링 기도를 하고서 묵상을 마치십시오. 아니면 이 구절에 있는 단어나 절을 사용하여 기도하십시오. 하루 종일 센터링 기도를 하면서 그것이 중요한 것에 관한 당신의 관점에 어떤 영향을 미치는지 주목하십시오. 깨달은 것을 기록하십시오.

과제 4: 그리스도께 솔직하십시오.

사도행전 5:1-11을 읽으십시오. 신약 시대 교회에 대한 가장 초기의 어떤 보고서에서는 그것이 그리스도의 삶이 공동체 안에 순수하게 반영된 것이라고 묘사합니다. 사도행전 4:32-34에서는 그 공동체가 "한 마음과 한 뜻이 되어 모든 물건을 서로 통용하고 제 재물을 조금이라도 제 것이라 하는 이가 하나도 없더라"고 칭찬합니다. 그러나 사도행전 5:1-11은 공동체에 속한 두 사람이 하나님께 거짓말을 하고 영적으로 말해서 이중의 삶을 살려 하면서 공동체에 영적 죽음이 임했다고 말합니다.

당신의 교회에 관해 생각한 것을 일지에 기록하십시오: (1) 당신이 보기에 당신의 교회는 생활과 사역에서 어떤 식으로 살아 계신 그리스도의 마음과 거룩함을 반영하고 있습니까? (2) 그리스도께 대한 당신의 정직함을 흐리게 하는 구름이 무엇이라고 생각합니까? 그것들을 열거해 보십시오.

기도하면서 당신과 당신이 속한 교회가 그리스도께 대한 정직함을 회복할 수 있는 방법과 관련하여 하나님의 얼굴을 찾으십시오. 기도하면서 보거나 들은 것을 일지에 기록하십시오.

과제 5: 그리스도 안에 있는 동반자들을 보십시오.

고린도후서 5:15-17을 읽으십시오. 바울은 이제 세상의 표준에 의해서 그리스도를 판단하지 않을 뿐 아니라, 인간적인 관점에서 사람들을 대하지 않습니다. "누구든지 그리스도 안에 있으면 새로운 피조물이라 이전 것은 지나갔으니 보라 새 것이 되었도다."

이처럼 새로운 방식으로 보는 법을 실천하십시오. 친구이거나 적이거나 당신이 잘 알고 있는 사람의 이름을 쓰십시오. 먼저, 인간적인 관점에서, 즉 당신의 욕구와 선입견, 기호에 따라서 볼 때에 그 사람을 어떻게 보는지 묘사하십시오. 둘째, 그리스도, 즉 "그를 위해 죽었다가 다시 사신 분"께서는 그를 어떻게 보시는지 묘사해 보십시오.

잠시 당신의 소그룹에 속한 각 사람에 대해 묵상하십시오. 한 사람씩 하나님께 들어 올리고, 그를 그리스도 안에 있는 존재로 보십시오. 각 사람의 이름 옆에 당신이 그 사람에게서 보고 찬양하는 복을 반영하는 단어나 문장을 기록하십시오.

다음 번 소그룹 모임을 대비하여 일지에 기록한 것을 점검하십시오.

제18주

화해와 사랑

"화평케 하는 자는 복이 있나니 저희가 하나님의 아들이라 일컬음을 받을 것임이요."

과거 몇 년 동안의 헤드라인 뉴스를 살펴보면 대체로 "보스니아에서 평화유지군 활동 시작하다", "중동 평화 회담 중단" 등의 표제가 포함되어 있을 것입니다.

세상에서는 전쟁을 하지 않는 상태를 평화라고 생각합니다. 비록 초보적이기는 하지만, 이러한 생각에서부터 시작하는 것이 나쁜 것은 아닙니다. 인간 생활에서 평화의 파괴를 의미하는 가장 파괴적이고 두려운 상징인 전쟁은 인간의 죄의 자취를 가시적인 것으로 만들어 줍니다. 미국의 200년 역사에서 독립전쟁, 1812년의 전쟁, 남북 전쟁, 미서(美西) 전쟁(1898), 제1차 세계대전, 제2차 세계대전, 한국전, 월남전, 걸프만 전쟁, 이라크 전쟁 등 최소한 10차례의 전쟁이 있었습니다. 모든 세대의 미국인들은 국내에서나 해외에서 적어도 한 차례의 전쟁이 수반한 고통과 손실을 경험했습

평화란…우리가 움켜잡는 어떤 것이 아니라, 우리를 포옹하는 어떤 것이다.
—Simon Tufwell

니다.

세상에서 평화라고 부르는 것과 하나님의 말씀에서 평화라고 부르는 것은 상이한 현실의 질서를 반영합니다. 두 질서의 관계는 세상의 미디어보다는 믿음의 렌즈를 통해서 보아야 가장 잘 이해할 수 있습니다.

하나님의 평화

평화란 단순히 전쟁이나 갈등의 부재가 아닙니다. 때때로 우리는 억제되어 있었기 때문에 표면화되지 않은 갈등을 보지 못합니다. 예를 들면 발칸 반도에서 무자비한 독재자들이 인종 갈등을 억제했듯이, 한동안 유럽의 식민주의는 아프리카의 여러 지역에서 종족간의 갈등을 억제했습니다. 그러한 억제력이 제거되었을 때에 이러한 갈등들은 폭발적으로 표면화되었습니다. 힘이 센 국가들은 종종 자기들이 경제적/정치적 이익을 제공해 온 국가에서 평화를 유지하려고 노력합니다. 대부분의 정부들은 평화를 이야기하면서 안정과 국가의 안전에 대해 말합니다. 그러나 특히 정의롭지 못하게 시행된 평화에는 장래의 갈등이 내재되어 있습니다.

선지자 예레미야는 권력을 가진 사람들이 말하는 평화의 의미를 알고 있었습니다. 그는 이스라엘의 제사장들과 예언자들이 이익을 얻기 위해서 거짓과 탐욕에 빠진 것을 지적하면서 "그들이 내 백성의 상처를 심상히 고쳐 주며 말하기를 평강하다 평강하다 하나 평강이 없도다"(렘 6:14)라고 탄식합니다.

평화에 대한 성경적인 시각은 세상의 시각보다 한층 풍요롭고 원대합니다. 구약성경과 신약성경에서는 쉼, 편안, 안전, 완전, 평화, 고요, 통일 등 평화에 여러 가지 의미를 부여합니다.[1] 우리는 평화를 내면에 소유하거나 다른 사람에게 주거나 되찾거나 추구할 수 있습니다. "평화"라고 번역된 단어는 히브리어로 "샬롬"으로서, 신실한 공동체 안에 있는 사람들 전체의 행복입니다. 예수님 시대 이전부터 유대인들이 서로에게 날마다 하나님의 평화를 비는 표현이었던 샬롬은 오늘날까지도 유대인 공동체 내에 살아 있는 전통입니다. 샬롬은 치유, 온전함, 의, 통일성, 조화, 완전한 만족 등의 의미를 함축합니다. 샬롬의 개선해주는 온전함은 하나님께서 세상을 위해 의도하시는 영원한 목적인 구원의 이미지가 됩니다.

예수님은 하나님의 평화의 충만함을 선포하시고 구현하시고 약속하시기 위해 오셨습니다. 평화의 왕이신 그리스도는 싸움의 원인이 존재할 수 없는 나라를 보여주십니다. 하늘나라는 완전한 사랑의 나라이며, 그 나라에 속한 사람들은 내적 지배 원리인 사랑의 다스림을 받습니다. 감옥에서 골로새 교회에게 편지를 쓴 바울은 거룩한 사랑과 평화의 관계를 이해하고 있었습니다: "이 모든 것 위에 사랑을 더하라 이는 온전하게 매는 띠니라 그리스도의 평강이 너희 마음을 주장하게 하라"(골 3:14-15).

하나님의 평화를 받으십시오

> 하나님의 간절한 소망은 하나님의 아들이 탄생할 때 천사의 목소리로 전해졌다. "땅에는 평화!"
> —Clarence Jordan

우리는 내면에서 솟아나지 않는 평화는 우리 위에 정착할 수 없다는 것을 경험에 의해 압니다. 우리는 순수하게 선한 의도와 노력으로써 가정이나 이웃이나 세상에 평화를 이룰 수 없습니다. 모든 선한 일이 그렇듯이 평화는 처음에는 선물로서 우리에게 옵니다. 하나님께서 우리에게 자비와 평화를 주시면, 우리도 이웃에게 하나님의 은혜와 평화를 줄 수 있습니다.

우리는 먼저 그리스도의 화목케 하시는 은혜 안에서 하나님의 희생적인 은사를 받음으로써 이 평화를 받습니다. "죄는 평화를 교란하는 유일한 작인입니다."[2] 죄는 인간 영혼의 생명을 이루는 무한히 공정하고 자비한 사랑의 법과 하나님의 통치를 받는 공동체의 유대를 파괴합니다. 죄는 평화의 큰 원수이므로, 하나님께서는 이 치명적 싸움의 핵심을 찌를 해결책을 마련하십니다. 평화의 사자의 두 발은 상처 입은 발입니다. 그러나 하나님은 크신 사랑 때문에 그리스도 안에서 자원하여 대가를 지불하십니다. "아버지께서는 모든 충만으로 예수 안에 거하게 하시고 그의 십자가의 피로 화평을 이루사 만물 곧 땅에 있는 것들이나 하늘에 있는 것들을 그로 말미암아 자기와 화목케 되기를 기뻐하심이라"(골 1:19-20).

여러 세대 동안 불화해 온 이방인들과 유대인들에게 쓴 에베소서는 인간의 평화와 십자가의 관계를 강력하게 표현합니다:

> "이제는 전에 멀리 있던 너희가 그리스도 예수 안에서 그리스도의 피로 가까와졌느니라 그는 우리의 화평이신지라 둘로 하나를 만드사 중간에 막힌 담을 허시고…또 오셔서 먼 데 있는 너희에게 평안을 전하고 가까운 데 있는 자들에게 평안을 전하셨으니 이는 저로 말미암아 우리 둘이 한 성령 안에서 아버지께 나아감을 얻게 하려 하심이라"(엡 2:13-14, 17-18).

십자가는 하나님 나라의 통치 원리가 자기를 내주는 사랑, 즉 "하나님께 드리는 향기로운 제물과 생축"(엡 5:2)임을 분명히 합니다. 자기를 내주는 사랑은 예수님의 삶과 죽음의 원리입니다.

예수님은 자신을 우리에게 주심으로써 이 사랑을 제공하십니다. 예수님은 우리의 평화이시며, 평화를 강화해 주는 모든 것을 구체화하십니다. 만일 우리가 예수님과 연합하여 산다면, "모든 지각에 뛰어난 하나님의 평강", 주님이 우리에게 주실 큰 은사를 소유합니다(요 14:27). 우리는 그리스도의 은사를 받는 데서부터 그리스도 안에서 사는 데로 이동하며, 그분의 화목케 하시는 은혜를 받아들여 평화로운 사람, 화평케 하는 사람으로 변화됩니다.

팔복은 그리스도 안에 있는 삶에 이르도록 디딤돌을 제공하며 우리로 하여금 화평케 하는 자가 되게 합니다. 각각의 복에는 하나님의 평화의 특징이 담겨 있습니다:

- 마음이 가난할 때, 우리는 하나님만이 주실 수 있는 풍성한 생명을 우리 스스로 만들어 낼 수 없음을 인정합니다. 우리의 가난은 신뢰하는 어린아이의 평화로운 자세와 같습니다.
- 자신의 망가지고 버림받은 상태로 인해 슬퍼할 때에, 우리는 유익하게 영속적인 소망과 평화의 근원—위대한 연인의 포옹—으로 인도됩니다.
- 온유한 사람의 자존심 있는 관대함은 분명하고 편안한 평화를 보여줍니다. 온유한 사람은 자신을 변호하기 위해서 에너지를 소비하지 않습니다. 그들은 모든 능력을 하나님의 뜻에 맡깁니다.
- 의를 향한 갈망은 평화를 건축한 재료가 됩니다. 왜냐하면 참 평화는 하나님 나라의 공의로운 질서와 함께 오기 때문입니다.
- 자비의 넓은 공간에 의를 향한 갈망이 거주하지 않는다면 하나님의 용서의 자비가 우리에게 양심의 평화를 가져다줄 수 없습니다. 이는 우리의 자비가 다른 사람들에게 양심의

화평한 자—평화를 조성하는 자—의 삶은 거룩한 질서와 조화를 이루며 사는 삶이다.
—Percy C. Ainsworth

평화를 줄 수 없는 것과 같습니다.

· 깨끗한 마음과 평화는 불가분의 관계에 있습니다. 마음이 분열되어 있는 곳에 평화가 있을 수 없기 때문입니다. 마음의 평화는 견해의 통일과 병행합니다.

팔복 전체를 실천하는 것은 참 하나님의 자녀가 되는 것입니다. 평화의 하나님 자녀가 되는 것은 화평하게 하는 사람이 되는 것입니다. 아버지의 주된 특징을 자녀에게서 찾아볼 수 있고, 자녀는 거룩한 아버지의 "영적인 유전자들"을 반영합니다. 화평케 하는 사람들은 평화를 이루기 때문에 하나님의 자녀인 것이 아니며, 그들이 하나님의 뜻을 행하기로 예비된 하나님의 자녀로서 성실하게 살기 때문에 평화를 이루는 것입니다.

평화의 사역

하나님의 자녀인 우리는 그리스도와 함께 그 나라의 모든 보화를 상속받을 자, 참된 본향의 시민권을 받은 사람이 됩니다. 우리는 새 창조의 일부가 되며, 거기에서는 마음의 자유 안에서 평화의 사역이 자연스럽고 풍성하게 흘러나옵니다. 이 무한히 융통성 있는 사역은 성령의 저극적인 인도하심 아래서 자발적으로 솟아오릅니다. 성령은 우리의 독특한 은사와 소명 의식은 물론이요 우리가 처한 상황에도 적응하실 것입니다.

> 평화는 어쨌든 투쟁이나 논쟁을 일삼는 것이 아니라, 언제나 관대함을 추구하는 자이다.
> —Hildegard of Bingen

처음 예수님을 따르던 사람들에게 있어서 평화의 길이란 무기를 들거나 자신을 옹호하는 것을 의미하지 않았습니다. 처음 300년 동안 기독교인들은 비폭력을 분명 그리스도의 길이라고 이해하고 실천했습니다. 예수님은 결코 무기를 들거나 군대를 형성하지 않으셨으며, 체포되어 재판을 받으실 때에 자신을 변호하지 않으셨습니다. 예수님은 가장 고귀한 의미에서 온유하셨으며, 초기의 제자들도 예수님의 길을 따랐습니다. 예수님의 길이 세상의 가치관에 의해 희석되고 타협된 오늘 우리 시대에, 그것은 깊이 고찰해 볼 만한 길입니다. 평화의 사역의 중요한 표현인 바 악에 대한 비폭력 저항은 화평케 하는 것의 고귀하고 극적인 측면입니다.

우리는 일상의 상황에서 평정과 단순함과 인내와 정중함을 증명함으로써 평화의 사역에 종사합니다. 성취를 위한 극심한 경쟁과 불안, 스트레스를 받으면서 하루를 보낸 경험이 있습니까? 그런 날에 상이한 종류의 현존을 구체화한다면, 당신의 동역자들은 새로운 관점에서 자신의 임무와 사건들을 보게 될 것입니다. 단조롭게 반복되는 가정생활에 싫증을 느끼거나, 함께 사는 가족들의 어떤 습관 때문에 성가십니까? 우리는 비교적 자율적인 가정생활 속에서 가장 훌륭하게 평화의 사역을 행할 수 있을 것입니다. 가정에서는 관대함과 명료함과 용서하는 사랑의 훈련을 통해서 가족들의 피곤하고 더럽고 까다로운 기질들을 고칠 수 있습니다.

깊은 경청, 거룩한 침묵, 후한 말 등으로 은밀하게 봉사할 때에 평화를 이룰 수 있습니다. 레이첼 피니는 반핵운동을 하는 의사입니다. 그녀는 사람들에게 자신의 견해를 납득시키려고 노력할수록 그들이 그녀의 메시지를 거부한다는 것을 깨달았습니다. 그녀는 자신의 의견에 동의하지 않는 사람들을 적극적으로 찾아가서 그들에게 말하는 대신에 그들의 말을 들어주기로 결심했습니다. 그녀는 그저 그들의 견해를 경청하고, 이따금 그들의 옳지 못한 점을 바로잡도록 하기 위해서 자신이 들은 것을 그들에게 이야기해 주었습니다. 피니는 사람들이 상대의 견해를 옹호해야 한

다는 압박감을 느끼지 않을 때에 한 걸음 뒤로 물러나서 상대가 말한 것을 바라볼 수 있다는 점을 발견했습니다. 심지어 그녀가 경청해 줌으로써 어떤 사람들은 스스로 그녀의 말을 분명히 듣기 시작했기 때문에 처음으로 그녀의 생각을 재점검하기 시작했습니다.[3)]

리주의 테레사의 이름을 딴 캘커타의 마더 테레사를 지탱해 준 사랑의 전략처럼, 단순히 관대한 정신과 친절한 행위를 통해서 평화를 이룰 수 있습니다. 언젠가 리주의 테레사는 모든 수녀들이 싫어하는 늙은 수녀에게 날마다 특별한 친절을 베풀기로 했습니다. 테레사는 날마다 그 늙은 수녀를 찾아가서 기분 좋은 말, 미소, 꽃, 그리고 "내가 가장 사랑하는 사람을 위해 행할 수 있는 모든 일"을 행하기 위해서 전력을 기울였습니다. 점차 이 심술궂은 노수녀의 인품이 변화되어 밝아지기 시작했고, 테레사의 공동체 안에서 화해의 평화가 뿌리를 내리기 시작했습니다. 우리가 자원하여 은혜와 함께 협력한다면, 하나님의 사랑이 역사하여 우리 가운데 있는 가장 궁핍하고 가장 매력 없는 사람들을 변화시킵니다. 여기에서도 우리는 자비와 평화의 밀접한 관계를 보게 됩니다.

> 우리는 말이나 행동이나 삶의 방식에 있어서 화평한 자가 되어야 한다.
> —Angelo of Foligno

그러나 화평케 하는 것에는 또 다른 측면이 있습니다. "화평케 하는 사람은 때때로 평화를 파괴하는 사람처럼 보입니다."[4)] 하나님의 공의와 자유는 참 평화의 기초가 됩니다. 진정한 노력을 기울여야만 공의와 자유를 획득하여 유지할 수 있습니다. 하늘나라의 가치관은 세상이 소중히 여기는 지배와 통제의 가치관들을 드러내려고 위협하므로, 세상은 실제로는 하늘나라의 가치관을 기피하면서도 말로는 동의합니다. 평화의 사역을 성취하려면 우상들과 망상들을 폭로해야 합니다.

"그리스도와의 평화는 '세상의 표준에 의한 평화'를 주지 않습니다."[5] 예수님은 평화를 주러 오신 것이 아니라 칼을 주러 오셨다고 말씀하십니다(마 10:34). 성경의 다른 부분에서는 비유적으로 칼을 성령(엡 6:17)과 하나님의 분별하시는 말씀(히 4:12)의 상징으로 사용합니다. 예수님은 우리에게 무엇보다도 하나님의 말씀의 길과 성령을 귀중히 여기라고 가르치시는 듯합니다. 거기에는 우리를 이해하지 못하는 사람들이나 하나님 나라를 원하는 사람들로부터 우리를 분리시키는 대가가 포함될 수도 있습니다. 그러나 예수님은 우리가 세상적인 자아를 상실함에 따라서 참 자아를 발견할 것이라고 보장하십니다.

우리가 하나님의 평화를 얻기 위해서는 많은 것을 포기해야 합니다. 재산, 권력, 방어물 등 우리의 안전과 관련된 우상들; 소비주의, 경쟁, 두려움, 탐심 등 우리를 지배하는 원동력들을 버려야 합니다. 그것들은 영혼에 치명적인 것들입니다. 우리는 그러한 것들을 근절하는 데 대한 저항에 대비해야 합니다. 이 세상을 지배하는 세력들, 그리고 의식적으로든 무의식적으로든 우리 안에서 그것들과 협력하는 교만하고 상처 입은 자아는 강하게 반박할 것입니다. 그러나 그것들을 근절함으로써 우리는 진정 회복의 길로, 그리고 심오한 축복과 기쁨의 길로 나아갈 수 있습니다.

하나님의 겸손, 관대, 의, 자비, 청결에 복종하는 것은 하늘 아래서 가장 큰 능력으로서 변화의 약속이요 가장 큰 기쁨을 실현해 줍니다. 사가랴가 아들 요한이 태어날 때에 예고한 약속은 지금도 우리 앞을 비추어 줍니다:

"이는 우리 하나님의 긍휼을 인함이라 이로써 돋는 해가 위로부터 우리에게 임하여 어두움과 죽음의 그늘에 앉은 자에게 비취고 우리 발을 평강의 길로 인도하시리로다"(눅 1:78-79).

매일의 과제

금주의 본문을 읽으십시오. 매일의 과제를 행하면서, 여덟 가지 복이 평화를 이루는 자가 되기 위한 당신의 능력에 어떻게 공헌하는지 생각해 보십시오. 각각의 과제를 하나님의 부르심을 듣는 기회로 삼고, 예수 그리스도의 제자가 되라는 소명?사람들이 하나님과 화목하며 서로 화목하도록 돕는 일?에 보다 온전히 헌신하십시오.

과제 1: 예수님의 말씀을 들으십시오.

마태복음 5:9을 읽으십시오. "화평케 하는 자"라는 단어는 마태복음 특유의 용어로서 다른 것들을 의미할 수도 있습니다. 예수님이 축복하실 것이라고 생각하거나 축복하시기를 원하는 것은 무엇입니까? 예수님이 축복하지 않을 것이라고 생각되거나 원하는 것은 무엇입니까?

예수님 시대에 로마 황제들도 스스로를 "화평케 하는 자"요 "신의 아들"이라고 칭했다는 사실에 대해 생각해 보십시오. 하나님이 이루시는 평화와 로마가 이루는 평화, 하나님을 닮은 생활과 황제를 닮은 생활에서 예수님이 강조하시는 차이점은 무엇입니까?

팔복 전체의 결과 기독교인 제자들의 복과 소명을 요약하여 나타내는 상징인 이 복에 대해 깊이 생각해 보십시오. 그런 점에서 볼 때, 예수님의 제자로서의 당신의 소명과 성장의 본질에 대해서 이 복은 무엇을 말해 줍니까?

당신의 생각을 기록하고, 이 복을 당신의 입장에서 다시 기록해 보십시오.

과제 2: 샬롬의 도전

미가 4:1-4을 읽으십시오. 이 본문은 히브리 민족과 세상의 샬롬(영속적인 평화, 온전함, 행복)을 예언한 구약성경 예언들 중 하나입니다. 이 본문을 묵상하면서, 여기에서 언급된 샬롬의 주요 특징들 중 몇 가지를 확인하여 기록하십시오.

다음의 제안을 따라, 몇 구절을 선택하여 보다 깊이 묵상하십시오. 2절은 "오라"고 말합니다. 오늘날 "그가 그 도로 우리에게 가르치시고 우리로 그 길로 행하게 하기 위해서" "민족들"과 "이방"은 어디로 갈 수 있습니까? 만일 당신이 평화를 이루는 기술을 배우려 한다면 어디로 가며, 무엇을 배울 것이라고 기대합니까?

3절에서는 주께서 "심판하실" 것이라고 말합니다. 심각하게 싸우는 두 민족의 지도자가 심판을 받기 위해서 주님을 만나고 있다고 상상하십시오. 심판받을 두 민족을 선택하고 그 장면을 그려 보십시오. 양측은 자신의 입장을 정당화하기 위해서 어떻게 호소합니까? 양측에 대한 주님의 응답을 들어보십시오. 민족들과 지도자들이 하나님의 평화를 누리기 전에 배우고 행해야 한다고 말씀하시는 것이 무엇일지 기록해 보십시오.

3절에서는 민족들이 전쟁 도구들을 평화의 도구로 바꿀 것이라고 말합니다. 이처럼 물질과 사고방식과 인간적인 자원들을 완전히 전환함으로써 영향을 받을 사람들이 누구이며 무엇일지 예언적 상상력을 발휘해 보십시오. 어떤 일이 발생하는 것이 보입니까? 그것은 당신에게 어떻게 영향을 미칩니까? 이런 종류의 상상은 당신에게 어떤 느낌을 줍니까?

4절에서는 사람들이 더 이상 서로를 두려워할 필요가 없을 것이라고 말합니다. 당신으로 하여금 두려움을 느끼게 하는 사람은 누구입니까? 당신 때문에 두려움을 느끼게 된 사람은 누구입니까? 당신의 두려움과 당신에 대한 누군가의 두려움을 없애기 위해서 당신이 취할 수 있는 행동이 무엇일지 생각해 보십시오.

고요히 평화롭게 하나님과 더불어 앉으십시오. 평화를 방해하는 것들을 어디에서 어떻게 제거할 수 있는지를 보여 달라고 하나님께 부탁하십시오.

과제 3: 평화를 집집으로 전하십시오.

누가복음 10:1-12을 읽으십시오. 예수님은 평화의 사명을 주어 칠십 문도를 파송하시면서 어느 집에 들어가든지 먼저 "이 집이 평안할지어다"라고 말하며, 사람들이 그들을 환영하는 곳에서 하나님 나라를 실천하라고 가르치십니다. 화평케 하는 자들인 사도들을 위한 예수님의 가르침에 담긴 지혜를 깊이 생각해 보십시오. 예수님의 가르침들 중에서 어느 것을 오늘날을 위한 것으로 삼을 수 있습니까?

예수께서 당신의 그룹을 둘씩 짝지어 하나님의 평화의 사자로서 이웃에 있는 가정들을 방문하게 하신다고 상상해 보십시오. 평화를 전하기 위해서 예수님이 주실 가르침과 도움은 어떤 것일까요? 당신의 생각을 기록하십시오.

기도하면서 하나님께 나아가 평화를 구하십시오. 당신이 사는 곳에 평화를 이루는 가장 좋은 방법과 관련하여 하나님의 지도를 구하십시오.

과제 4: 식탁 앞에 머무십시오.

마가복음 14:17-25을 읽으십시오. 마지막 만찬 때에 예수님은 "한 사람 곧 나와 함께 먹는 자가 나를 팔리라"는 것을 아시면서도 제자들과 함께 식사하심으로써 평화를 유지하십니다. 하나님의 사랑을 가능하게 만드는 이 평화에 대한 극적인 묘사에 나타난 예수님의 행동의 희생적 특성을 묵상하십시오. 다른 사람들의 행동에 상관하지 않고 평화의 유대를 유지하기 위해서 "식탁에 머무는" 사람을 본 적이 있습니까? 당신은 희생해 본 적이 있습니까?

살아오면서 교제가 깨졌다고 생각되는 곳을 하나 선택하십시오. 다시 평화를 회복할 수 있는 방법을 상상해 보십시오. 모든 사람들이 예수님과 함께 모여 식사를 한다고 상상하십시오. 예수님은 당신에게 무엇을 요구하실까요? 또 무엇을 주실까요? 당신은 예수님께 무엇을 드리렵니까?

몇 분 동안 기도하면서 평화를 이루는 자가 되도록 당신을 불러 무엇을 요구하시는지 들어보십시오. 당신의 생각을 기록하십시오.

과제 5: 평화의 조성을 추구하십시오.

로마서 14:13-23을 읽으십시오. 바울은 로마 교인들에게 "부딪힐 것이나 거칠 것으로 형제 앞에 두지 아니할 것을 주의하라…화평의 일과 서로 덕을 세우는 일을 힘쓰라"고 권합니다. 그러나 매일 신문에는 사람들이 마음 내키는 대로 자유를 행하려는 권리 문제로 싸우는 기사가 적어도 둘 이상 기재될 것입니다. 당신이 교회나 공동체 안에서 이러한 갈등을 경험하는 곳은 어디입니까?

바울의 표준을 당신이 알고 있는 상황에 적용해 보십시오. 만일 갈등하고 있는 한 사람이나 양측 모두가 이해관계를 초월하여 화평을 이루는 일에 힘쓰기로 동의한다면, 그 상황은 어떠한 영향을 받을까요? 승자와 패자를 만들어 내는 적대적인 방법보다는 "서로 덕을 세움"으로써 창조적인 해법을 찾으려면 어떻게 해야 할까요?

당신이 열정을 가지고 있는 문제나 신념이 있는지 확인해 보십시오. 당신과 반대의 견해를 주장하는 사람들이 누구인지 생각해 보십시오. 상상 속에서, 둘이 함께 그리스도의 십자가 앞으로 나가십시오. 십자가의 그리스도께서 당신에게 주려 하시는 선물과 도전을 받아들일 준비를 하십시오.

다음 주 소그룹 모임을 준비하면서 일지에 기록한 내용을 검토해 보십시오.

제9주

고난을 감수하는 사랑의 심오한 기쁨

"의를 위하여 핍박을 받은 자는 복이 있나니 천국이 저희 것임이라."

아마 예수님은 자기를 따르는 사람들이 이 상태를 이해하기 어려울 것을 인식하셨기 때문에, 그 다음 몇 절에서 그 의미를 상세히 설명하시면서 "나를 인하여 너희를 욕하고 핍박하고 거짓으로 너희를 거스려 모든 악한 말을 할 때에는 너희에게 복이 있나니 기뻐하고 즐거워하라 하늘에서 너희의 상이 큼이라 너희 전에 있던 선지자들을 이같이 핍박하였느니라"고 말씀하십니다(마 5:11-12).

팔복 중에서 이것이 가장 받아들이기 어렵습니다. 박해는 우리의 복의 개념과는 아주 거리가 멉니다. 조롱을 당하거나 괴롭힘을 당하거나 거짓으로 고발당하는 것은 결코 행복한 경험이 아닙니다. 예수님은 마지막에 최악의 말씀을 하시는 듯합니다. 그러나 믿음의 관점에서 보면, 이 세상에서 하나님 나라의 역설을 깊이 파고 들어가는 것은 박해라는 경험 안에서 복을 파내는 데 도움이 될 수 있습니다.

미지근한 크리스천은 다른 사람의 분노도 저항도 불러일으키지 않는다.
—Mary Lou Redding

평화와 관련된 복 다음에 이 마지막 복을 말씀하신 것은 우연이 아닙니다. 하나님의 평화에 대한 경험적 지식이 없으면, 우리는 박해를 이겨낼 수 있는 용기와 믿음, 소망과는 사랑을 소유하지 못할 것입니다. 하나님의 평화라는 선물이 우리에게 화목하게 하는 근거를 제공해 주듯이, 그것의 능력은 우리로 하여금 복음에 대한 반대에 직면할 때에 견고히 설 수 있게 해줍니다. 평화는 우리에게 기초를 제공해 주며, 믿음을 확실하게 해주고, 평화의 길을 파괴하려는 시도에 직면할 때에 평정한 마음을 줍니다.

따라서 평화의 사역에 관해 선포된 복은 우리로 하여금 박해를 대면했을 때의 신실함에 대한 예수님의 마지막 복을 예비하게 해줍니다. 이것은 이미 앞서 언급된 복들이 우리에게 소개해 주었던 것입니다. 만일 복의 길을 실천하기 시작했다면, 이미 대적을 경험했을 것입니다. 우리 주위 세상 및 내면세계는 팔복에서 구체화된 하나님의 길에 저항합니다. 이기심과 불신으로 가득한 세상에서는 하늘나라의 기쁨으로 들어가는 길에 쉽게 들어설 수 없습니다. 여기에서 예수님은 제자도의 대가를 상기시켜 주십니다. 완전한 현실주의자이신 예수님은 우리가 준비를 갖추기를 원하십니다.

박해와 시험

믿음 안에서 참는 삶은 다른 사람으로부터, 그리고 다른 사람을 위한 삶이다.
—Stephen V. Doughty

당신은 오늘을 사는 기독교인으로서 어떤 형태의 박해에 직면하고 있습니까? 이 질문은 우리의 관심을 자극합니다. 서방 기독교 세계에 사는 사람들은 순교의 시대는 오래 전에 지나갔다고 생각하려는 경향이 있습니다. 우리는 박해라고 하면 로마 제국의 원형경기장이나 사자들을 생각합니다. 그러나 오늘날도 순교는 현실로 존재합니다. 마틴 루터 킹 목사는 인종적인 특혜와 불평등의 세력을 공격하기 위해 진리를 말했기 때문에 암살되었습니다. 오스카 로메로(Oscar Romero) 대주교는 엘살바도르의 가난한 사람들과 압제받는 사람들을 옹호했기 때문에 자신이 섬기는 성당에서 정부가 보낸 저격수의 총에 맞아 죽었습니다. 오늘날 세계 여러 지역에서 소수 파인 기독교인들은 괴로움, 전문인으로서 활동할 기회의 박탈, 자유의 제한 등에 직면하고 있습니다. 심지어 어떤 신자들은 투옥, 고문, 죽음을 맞기도 합니다. 물론 기독교인이 아닌 사람들도 박해를 받습니다. 어떤 국가의 시민들과 정부는 인종적으로나 종교적인 소수 집단들을 상습적으로 학대합니다. 기독교가 아닌 다른 종교들도 순교의 영광을 나름대로 이해합니다.

기독교인들은 예수님의 말씀과 삶을 깊이 묵상함으로써 박해를 이해합니다. 우리는 조직의 거짓에 몰입한 권력에게 하나님의 진리를 말함으로써 위험에 처합니다. 예수께서 로마 제국에 대해 폭동을 일으키려 했다는 죄목으로 십자가에 달려 죽으신 후 이천년이 지났지만 인간의 본성은 그리 변하지 않았습니다. 우리 중에 믿음 때문에 박해받기를 기대하는 사람은 거의 없습니다. 우리의 문화는 풍요와 통제와 위로를 양도할 수 없는 절대적인 권리로 간주하게 되었습니다.

> "우리는 그리스도를 따르는 데 대한 특전이 있을 것이라고…우리가 믿음 때문에 적어도 안정된 행복한 가정, 정신의 평화, 건강, 여러 가지 심리적 유익을 소유하게 될 것이라고 기대합니다…우리는 신자가 된다는 데는 육체적으로나 사회적으로나 직업상의 위험이 따르지 않는다고 여기며,

> 창조적인 고통의 열쇠는 고통의 순간에 하나님을 발견하는 것이다.
> —Ann Callender

자신이 한 번도 신앙 때문에 박해받는다고 의식해 본 적이 없다고 기꺼이 말할 수 있습니다."[1]

> 오래 참음은 내면의 것을 앎으로써 생겨나는 것이지, 다른 사람이 말해주기 때문이 아니다.
> —Sue Monk Kidd

우리는 이것이 헌신의 깊이에 대해서 무엇을 말해 주는지 의아하게 여길 수도 있습니다. 50년 전에 클래런스 조던은 "우리가 발하는 빛이 너무 희미해서 고문자들이 그것을 보지 못하는가?"라고 말했습니다.[2] 그는 팔복에 대한 가르침 다음에 이어지는 빛과 소금에 대한 가르침들은 예수께서 제자들에게 주시는 경고의 역할을 한다고 주장했습니다: 만일 우리가 소금의 역할을 상실한다면, 세상은 기독교를 무시하고 짓밟을 것입니다. 우리는 연약하고 미지근해질 때에(계 3:15-16) 부적절한 존재가 될 것입니다. 게다가 하나님의 영광의 빛을 숨기는 것은 산 위에 있는 동네를 숨기는 것과 마찬가지로 불가능합니다. 우리는 믿음의 증거를 피할 수 없으므로, 그 빛을 비추어 "저희로 너희 착한 행실을 보고 하늘에 계신 너희 아버지께 영광을 돌리게" 해야 합니다(마 5:16).[3]

"착한 행실"이란 무엇입니까? 하나님께서는 사랑이 없고 탐욕적인 세상에 하나님의 사랑에 대한 순종과 믿음의 증거를 나타내기 위해서 우리에게 어떤 기회를 주십니까? 이러한 질문들은 우리로 하여금 성령께서 우리 안에서 날마다 하나님께 영광을 돌리기 위해 행하시는 방법들을 생각하게 합니다. 어떤 신자들의 경우, 일상적인 가정생활 안에서 기회가 주어질 것입니다. 믿지 않는 가정에서 홀로 신앙생활을 하는 사람들은 식구들로부터 조롱과 냉대를 받거나, 심지어 쫓겨나기도 합니다. 또 어떤 신자들은 직장에서 비슷한 일을 경험하기도 합니다. 많은 작업 환경에 냉소, 편견, 또는 일반적으로 받아들여지는 비윤리적인 관습들이 팽배해 있습니다. 그러한 곳에서 그리스도의 제자로서 충실하고자 하면 사회적으로 고립되는 결과를 초래할 수도 있습니다.

교회도 신실하지 못할 수 있습니다. 경건하고 겸손하게 자제하는 태도보다는 악한 권력 싸움을 더 분명히 나타내는 교회들이 많습니다. 우리는 보복적인 논쟁, 개인적인 인신공격, 거짓 진술, 사람들의 명예를 헐뜯어 파멸시키려는 노력 등에서 그 증거를 봅니다. 종종 목회자나 사제가 이러한 현상들의 회리바람에 휩싸이기도 합니다. 크게 볼 때 사회적·정치적으로 강력한 의무를 지닌 신자들이 자기와는 다른 방식으로 믿는 신자들을 박해할 수도 있습니다. 세상에 속한 사람들이 사용하는 전략은 고발, 빈정거림, 힘의 정치, 비난, 배척 등입니다. 교회 내에서의 박해는 우리가 생각하는 것보다 자주 일어납니다.

또 우리는 다양한 방식으로 자기 자신을 박해합니다. 불안이 우리의 내면을 지배합니다. 자신의 생각과 업적을 조롱하거나 의심이나 자책을 통해서 자신을 해치기도 합니다. 중산층 교회에 속한 신자들은 분명한 원수들이 아닌 친구와 이웃, 심지어 우리 자신이 박해자일 수 있음을 발견할 것입니다.[4] 이와 같이 비교적 온건한 박해의 경험들은 역사적인 표준으로 보면 무색해지지만, 역사의 조류는 이미 변하고 있습니다. 다른 종교의 전투적인 근본주의자들은 종종 서구인들, 특히 기독교인들을 적으로 여깁니다. 우리는 또다시 심각한 박해를 당할 수도 있을 것입니다.

가정과 직장, 교회, 국가 또는 세상에서 신실한 신자들이 주목을 받고 있습니다. "그들은 완전히 다른 생활 방식, 새로운 사고방식, 변화된 가치관, 그리고 보다 고귀한 의의 표준 등을 가지고 다인을 대면합니다."[5] 그들은 무시할 수 없습니다. 그리스도의 사랑과 하나님의 평화의 실천은 세상에게 조종할 수 있는 것 이상의 것을 제공합니다.

박해의 내적 원동력에는 변덕스럽고 신임할 수 없는 사람들이 하나님의 사랑의 실체를 시험하는 방식이 포함됩니다. 자신을 신

임하기 못하기 때문에 하나님이나 이웃, 심지어 자기 자신에게 좋은 모습으로 나타나기 위해서 "영적인 분장"을 합니다. 하나님의 관대하면서도 예리한 진리는 공적인 체면을 포기할 것을 요구합니다. 그렇게 할 준비가 되지 않은 사람은 적대적인 사람이 될 것입니다. 또 한편 사람들은 부모님의 사랑의 한계를 시험하는 십대 청소년들처럼 행동할 수도 있을 것입니다. 사랑에 상처를 줌으로써 사랑을 시험할 수 있는 듯합니다. 따라서 자신의 존재나 행동이 사랑받고 있는지 알기 위해서 하나님이나 하나님을 닮은 사람에게 상처를 줍니다: "당신은 현재의 나를 있는 그대로 사랑한다고 말합니다. 그렇다면 이것도 사랑할 수 있는지 보십시오."[6]

행복한 사랑의 방식

만일 우리가 진정으로 사랑한다면 상처 입은 사랑의 고통을 알 것입니다. 여기에 그리스도를 닮은 방식이 지닌 복과 행복이 있습니다. 박해의 두려움은 교회의 순교자들로 하여금 믿음을 버리게 하지 못했습니다. 오히려 그들은 시련을 당하면서 하나님의 진리를 신실하게 증언하는 데서 깊은 기쁨을 발견했습니다. 이 기쁨은 어떻게 우리에게 옵니까? 그것은 무엇으로 이루어집니까?

당신의 시련이 얼마나 어렵과 얼마나 많은 고통을 주는지 그것과 상관없이, 그것들은 당에게 위로의 근원이 될 것이다.
—Teresa of Avila

신실함에는 나름의 보상, "마음에서 솟아나는 만족스러운 기쁨의 의식"이 있습니다.[7] 하나님의 나라를 위해 우리가 당하는 고난의 상처는 죄로 인한 상처와는 다릅니다. 우리의 신실함에는 하나님 앞에서 신앙에 따라 행동했다는 것을 아는 기쁨이 따릅니다. 우리는 양심 자체 및 세상과 조화를 이루는 양심의 행복을 확보합니다. 그리스도를 따르는 고난 밑에는 내적 즐거움의 증언이 존재합니다. 보다 깊고 영속적인 생명의 은사, 영혼의 건강과 선의 즐거움을 알게 됩니다.

기독교인들은 영성 생활의 행복 자체를 구하지 않습니다. 행복은 겸손처럼 직접적으로 획득할 수 없으므로 목표가 되지 못합니다. 우리가 하나님의 거룩하신 뜻의 다스림을 구할 때에, 그것은 가만히 우리 마음에 들어옵니다. 우리는 영적으로 장성함에 따라 자신을 만족시키는 데서보다는 하나님을 즐겁게 하는 데서 더 큰 기쁨을 배웁니다. 우리는 앙갚음보다는 자비 안에서 더 큰 즐거움을 발견하고, 보이는 것보다는 보이지 않는 것 안에서 더 많은 실체를 발견하며, 자기만족보다는 이웃을 향한 사랑 안에서 더 깊은 기쁨을 발견합니다.

십자가의 길이 사망을 통해서 우리가 상상할 수 있는 것보다 더 큰 생명으로 이어진다는 것은 기독교인 삶의 중요한 역설입니다. 하나님이 우리에게 주려 하시는 기쁨과 비교해 보면 세상적인 기쁨은 매우 빈약합니다. 하나님이 주시려는 기쁨은 다음 세상의 신비 안에서만 완전히 알게 될 것입니다. 하나님은 우리 삶의 닳아빠지고 손상된 실을 가지고 새 하늘과 새 땅을 조성하고 계십니다. 그러나 하나님의 사랑을 통해서 자신을 하나님과 이웃에게 바칠 때에 우리는 지금이라도 이 기쁨을 매우 풍성하게 알 수 있습니다.

수 몽크 키드(Sue Monk Kidd)는 허리케인 때문에 어쩔 수 없이 집을 버리고 떠나야 했던 일에 대해 글을 쓰면서, 인간의 인내의 경험 안에 있는 하나의 중요한 특징을 표현합니다:

"나는 내면에서 무엇인가 특별한 것이 발생하고 있음을 의식합니다. 마치 과일 껍질을 벗기듯이 내가 벗겨지는 듯한 느낌입니다. 사건들은 나를 침묵과 광채가 가득한 밑바닥, 영속적인 내면의 장소로 떨어뜨렸습니다. 그 때에 내 입에서 나온 말은 '하나님' 이었고, 그 다음에 나온 말은 '본향' 이었습니다."[8)]

이 "침묵과 광채가 가득한 밑바닥"은 우리로 하여금 인생에서의 큰 곤경들, 심지어 박해까지 견딜 수 있게 해줍니다. 내면에 있는 이 빛나는 장소가 우리 마음의 참 본향입니다. 여기에서 우리는 자신이 하나님의 자녀임을 알고 하늘나라에 참여하게 됩니다.

또한 이 밑바닥은 "모든 것을 견디는" 사랑의 근원이기도 합니다(고전 13:7). 우리는 인내하는 사랑을 통해서 그리스도와 함께 피조 세계 전체를 위한 하나님의 구속적인 고난에 참여합니다. 이웃을 위해 자기를 비우시는 그리스도의 사랑에 참여한다는 것은 커다란 특권입니다. 상처 입고 버림받은 세상을 위해 하나님의 대속의 은혜에 조금이라도 기여하는 것은 무엇과도 비교할 수 없는 기쁨을 줍니다.

다음은 낙심하거나 시련을 당하거나 박해를 당할 때에 우리를 지탱해 주는 확신입니다: 어둠의 세력들 모두가 합해도 하나님을 대적할 수 없습니다. 그것들은 우주의 중심에 있는 사랑의 영광에 적수가 되지 못합니다. "빛이 어두움에 비취되 어두움이 깨닫지 못하더라"(요 1:5). 이 세상에서 하나님의 변화하는 생명의 큰 물결의 일부가 되어 지금도 만물을 모아 들이는 하나님 나라의 아름다움에 참여한다는 것은 우리의 큰 행복이요 깊은 복입니다.

믿음은 지식이 실패할 때 구원자로 온다. … 그것은 현재와 과거와 미래의 고통을 궁극적으로 온전한 비전과 통합시킨다.
—Ann Callender

매일의 과제

금주의 본문을 읽으면서 떠오른 생각을 일지에 기록하십시오. 금주의 과제들을 시작하면서 "축복의 길" 여정 전체에 대해 묵상하십시오. 복된 삶과 하나님 나라에 대해서 당신은 어떤 새로운 견해를 갖게 되었습니까? 하나님께서 당신에게 구체적인 응답을 요구하신다고 느낀 곳은 어디입니까? 매일 묵상을 시작하기 전에 몇 분 동안 집중하십시오. 피조 세계 전체를 향한 하나님의 사랑과 후히 주시는 선한 뜻을 받아들이십시오. 하나님께 당신과 함께 거하시며 당신을 깊어지는 관계로 이끌어 달라고 기도하십시오.

과제 1: 예수님의 말씀을 들으십시오.

마태복음 5:1-12을 읽으십시오. 예수님의 축복을 경청하면서 "의를 위해 박해를 받는" 사람들을 위해 기도하십시오. 생각나는 신자를 하나님께 들어 올리고 축복하십시오. 만일 아무도 생각나지 않는다면, 당신은 알지 못하지만 실제로 우리를 위해서 그리스도의 고난에 참여하고 있는 사람들을 위해 기도하십시오.

당신이 기독교인이었기 때문에, 또는 그리스도께서 귀히 여기시는 것을 증언하는 데 참여했기 때문에 어려움을 당했던 때를 기억해 보십시오. 이제 그 시기, 그리고 그 때의 느낌을 묘사해 보십시오. 또 불리할 수도 있는 방식으로 증언할 기회를 피했던 시기가 있는지 기억해 보십시오. 그 시기, 그리고 그에 대한 느낌을 묘사해 보십시오.

예수께서 이 복으로 축복하시는 사람이나 사물을 찾아보십시

오. 이 복을 풀어서 다시 써 보십시오.

당신이 그리스도와 함께 그리스도를 위해 나서야 할 장소가 어디인지 보여 달라고 기도하십시오.

과제 2: 큰 시련을 참고 견디십시오.

다니엘 3:8-30을 읽으십시오. 풀무불 속에 있는 네 청년의 이야기는 바벨론에서 포로 생활을 하는 이스라엘 백성들에게 힘을 주었으며, 오늘날도 핍박을 당하는 신앙인들에게 힘을 줍니다. 당신이 경험한 큰 시련을 회상해 보십시오. 시련을 당하는 동안 하나님께서 당신과 함께 하시면서 당신을 지탱해 주신다는 것을 어떤 식으로 경험했습니까?

이제 만일 특별한 상황에서 당신이 믿음과 가치관을 유지하려 할 때에 닥칠 큰 시련에 대해 깊이 생각해 보십시오. 만일 당신이 행동해야 한다면, 가장 치열하게 어려움을 느끼는 곳은 어디일까요?

하나님께 충성함으로써 당할 "큰 시련"의 용광로를 그려 보십시오. 그 안에 이 시련에 함께 참여하는 "동료들"의 이름을 쓰십시오. 기도하면서 당신이 그린 용광로에 들어가서 동료들과 함께 하나님의 현존 의식을 실천하십시오. 하나님께서 당신을 불러 용기를 주시면서 행하라고 하시는 일은 무엇입니까? 당신의 생각과 경험을 기록하십시오.

과제 3: 그리스도께 시선을 집중하십시오.

사도행전 6:8-15; 7:51-60을 읽으십시오. 스데반은 사도들 및 예수를 따르는 다른 사람들처럼 복음의 진리가 현상에 침투하려는 데 대한 엄청난 박해를 경험했습니다. 그러나 그는 자신의 삶을 채웠던 것과 동일한 "은혜와 능력"을 가지고 죽음을 맞았습니다. 스데반에게 끝까지 인내하며 증언할 수 있는 은혜와 능력을 준 것은 무엇입니까? 이야기를 다시 읽으면서 스데반이 그리스도와 같은 자세를 취하게 된 근원을 찾아보십시오.

당신이 그리스도의 증인이 되거나 반대에 직면할 가능성이 있음에도 불구하고 화평을 시도하라는 소명을 느끼는 곳은 어디입니까? 스데반처럼 하늘을 우러러 주목하며 의를 위해 십자가에 달리신 하나님의 영광을 보십시오. 당신에게 인내할 수 있는 힘을 주는 기도는 어떤 형태의 기도입니까?

과제 4: 하나님의 뜻에 따른 고난

베드로전서 4:12-19을 읽으십시오. 베드로는 하나님의 뜻 안에서 "그리스도의 고난에 참예하는 것으로 즐거워하라"고 말합니다. 당신이 당하고 있는 고난들 몇 가지를 일지에 적으십시오. 하나님의 뜻과 부르심에 따라서 그리스도와 함께 고난을 당하는지, 아니면 당신 자신으로 인해 고난을 당하는지 생각해 보십시오. 어떤 차이를 발견합니까?

하나님의 뜻에 따라 봉사하시고 고난을 당하신 그리스도의 삶에 더 완전히 참여하라고 부르시는 곳들이 어디인지 확인해 보십시오. 이제 당신이 기꺼이 참여할 영적 능력을 소유하고 있음을 확인하기 위해서 먼저 소유해야 하는 영적 지원이나 영적 수행 3-5가지를 열거해 보십시오.

기도하면서 신실하신 창조주 하나님께 당신을 맡기십시오.

과제 5: 은혜 안에서 참고 견디십시오.

히브리서 12:1-11을 읽으십시오. 역사적 인물이나 현대의 인물로서 당신을 위해 "구름같이 허다한 증인"이 되는 사람들은 누구입니까? 구름, 그리스도 안에 있는 당신의 삶을 둘러싸고 있는 거룩한 임재의 구름을 그리십시오. 기억이나 동료 관계를 통해서 당신에게 용기와 가르침과 영감을 준 사람들의 이름을 구름 안에 적으십시오.

구름 밑에 길을 그리십시오. 그 길의 끝, 결승점에 "우리 앞에 있는 즐거움"이라고 쓰십시오. 예수께서 어떤 즐거움을 위해 십자가를 참으셨는지 묵상하십시오. 당신이 참고 견딤으로써 누릴 즐거움의 모습을 나름대로 묘사하십시오.

그 길의 출발점에 "벗어버리라"고 쓰십시오. 예수께서 "그 앞에 있는 즐거움"을 위해 무엇을 포기하셨는지 생각해 보십시오. 즐겁고 자유로이 경주하기 위해서 당신이 내려놓아야 할 것이 무엇인지 적어 보십시오. 당신을 짓누르는 무거운 것과 죄는 무엇입니까?

그 길 밑에 "인내로써 경주하자"라고 쓰십시오. 당신이 축복의 길로 계속 여행하기 위해서 준비하려는 영적 수행과 지지물들을 열거하십시오.

은혜 안에서 참고 견디기 위해서 필요한 것을 달라고 기도하십시오.

다음 주 소그룹 모임을 위해서 일지에 기록한 것들을 검토해 보십시오.

참고 서적

Embracing Our Spiritual Poverty

Dimensions of Prayer: Cultivating a Relationship with God / Douglas V. Steer. 역서 『기도의 능력』, 엄성옥 역, 은성출판사.

Gathered in the Word: Praying the Scripture in Small Groups / Norvene Vest.

Total Devotion to God: Selected Writings of William Law, compiles and introduced by Keith Beasley-Topliffe.

The Workbook on Virtues and the Fruit of the Spirit by Maxie Dunnam and Kimberly Dunnam Reisman.

Tears As Anguish, Tears As Gift

Abiding Hope: Encouragement in the Shadow of Death by Ann Hagmann.

Breaking and Mending: Devorce and God's Grace by Mary Lou Redding.

Release: Healing from Wounds of Family, Church, and Community by Flora Slosson Wuellner.

When the World Breaks Your Heart: Spiritual Ways of Living with Tragedy by Gregory S. Clapper.

The Power of a Clear and Gentle Heart

Discovering Community: A Meditation on Community in Christ by Stephen V. Doughty.

The Hunger of the Heart: A Workbook by Ron Delbene with Mary and Herb Montgomery.

A Wakeful Faith: Spiritual Practice in the Real World by Marshall Jenkins.

The Workbook on Keeping Company with the Saints by Maxie Dunnam.

A Satisfying Hunger and Thirst

Reading the Deeper Eyes: The Love of Literature and the Life of Faith by William H. Willimon.

The Soul's Delight: Selected Writings of Evelyn Underhill, compiled and introduced by Keith Beasley-Topliffe.

Spiritual Preparation for Christian Leadership by Glenn Hinson.

Embracing the Wisdom of Tenderness

As If the Heart Mattered: A Wesleyan Spirituality by Gregory S. Clapper.

Companions in Christ: The Way of Forgiveness by Marjorie Thompson. 역서 『용서의 길』, 엄성옥 역, 은성출판사.

Forgiveness, The Passionate Journey: Nine Steps of Forgiving through Jesus Beatitudes by Flora Slosson Wuellner.

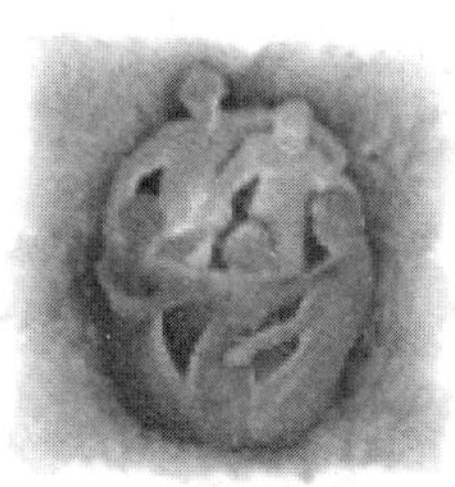

Receiving the Vision of God

Seeking a Pure Christian Life: Saying and Stories of the Desert Mothers and Fathers, compiled and introduced by Keith Beasley-Topliffe.

Where the Heart Longs to Go: A New Image for Pastoral Ministry by Thad Rutter Jr.

Wrestling with Grace: A Spirituality for the Rough Edges of Life by Robert Corin Morris.

Yours Are the Hand of Christ: The Practice of Faith by James C. Howell.

Making Peace, An Offering of Love

Climbing the Sycamore Tree: A Study on Choice and Simplicity by Ann Hagmann.

Walking Humbly with God: Selected Writings of John Woolman, compiled and introduced by Keith Beasley-Topliffe.

The Deep Gladness of Suffering Love

The Cost of Living: A Personal Journey into John's Gospel by Margaret Cundiff.

Servants, Misfits, and Martyrs: Saints and their Stories by James C. Howell.

난외주 인용

개요

Simon Tugwell, *The Beatitudes: Sounding in Christian Traditions* (Springfiled, III.: Templegate Publishers, 1985), 79.

제1주

Tugwell, *The Beatitudes*, 74.

Marcus J. Borg, *Meeting Jesus Again for the First Time*(San Franciscoo: Harper SanFrancisco, 1995), 31.

제2주

Evelyn Underhill, "Fruits of the Spirit," letter for Lent, 1941, cited in *The Soul's Delight: Selected Writings of Evelyn Underhill*, ed. Keith Beasley-Topliffe(Nashville, Tenn.: Upper Room Books, 1998), 42.

Johannes Baptist Metz, *Poverty of Spirit*(Paramus, N.J.: Paulist Press, 1968), 116.

Ed Farrell, *Free to Be Nothing*(Collegeville, Minn.: The Liturgical Press, 1989), 116.

제3주

Gregory of Nyssa, *De Beatitudine*, III, PG 44, 1224C, quoted in Greoge Maloney, S.J., Inward Stillness(Denville, N.J.: Dimension Books, 1976), 113.

Walter Wangerin, *Mourning into Dancing*(Grand Rapids, Mich.: Zondervan Publishing House, 1992), 232.

Tugwell, *The Beatitudes*, 65.

Deborah Smith Douglas, "Wounded and Healed," *Weavings* 15, no. 2 (March/April 2000): 23.

제4주

Percy C. Ainsworth, *The Blessed Life: Short Addresses on the Beatitudes*(London: Robert Culley, n.d.), 92-93.

John S. Mogabgab, "Editor' s Introduction," *Weavings* 15, no.3 (May/June 2000): 3.

Hannah Whitall Smith, *The Christian' s Secret of a Happy Life*(New York: Ballantine, 1986), 22-23.

Tugwell, *The Beatitudes*, 32.

Ainsworth, *The Blessed Life*, 96.

Ben Campbell Johnson, *Calming the Restless Spirit: A Journey Toward God*(Nashville, Tenn.: Upper Room Books, 1997), 130.

제5주

Teresa of Avila, *The Way of Perfection*, ed. Henry L. Carrrigan (Brewster, Mass.: Paraclete Press, 2000), 101.

Wendy M. Write, *The Rising: Living The Mysteries of Lent, Easter, and Pentecost*(Nashville, Tenn.: Upper Room Books, 1994), 87.

Ronald S. James, "Looking at Power," *Weavings* 15, no. 3(May/June 1999): 9.

David Rensberger, "Thirsty for God", *Weavings* 15, no. 4 (July/August 2000): 20.

Mogabgab, "Editor's Introduction," 2.

제6주

Tugwell, *The Beatitudes*, 86.

Rodger Nishioka and Judy Kuo, quoted in Dorothy C. Bass and Don C. Richter, eds., *Way to Live: Christian Practices for Teens*(Nashville. Tenn.: Upper Room Books, 2002), 228.

Helen Bruch Pearson, *Mother Roots: The Female Ancestors of Jesus* (Nashville. Tenn.: Upper Room Books, 2002), 146.

Wright, *The Rising*, 40.

Clarence Jordan, *Sermon on the Mount*(Valley Forge, Pa.: Judson Press, 1993), 17.

William Shakespeare, *The Merchant of Venice*, 4.1.180-82.

제7주

Hagmann, *Climbing the Sycamore Tree*, 71.

Ainsworth, *The Blessed Life*, 137.

Carlo Carretto, *The Desert in the City*(New York: Crossroad, 1982),

33.

Tugwell, *The Beatitudes*, 101.

Ainsworth, *The Blessed Life*, 135.

Jordan, *Sermon on the Mount* , 19.

제8주

Tugwell, *The Beatitudes*, 111.

Jordan, *Sermon on the Mount* , 20.

Ainsworth, *The Blessed Life*, 150.

Hildegard of Bingen, *Hildegard von Bingen's Mystical Visions: Translated from Scivias*(Sante Fe: Bear & Co., 1995), 255.

Angela of Foligno, *Angela of Foligno: Complete Works*, trans. Paul Lachance(Mahwa, N.J. L Paulist Press, 1993), 289

제9주

Stephen V. Doughth, "Something Better," *Weavings* 15, no 6 (November/December 2000): 14.

Mary Lou Redding, unpublished manuscript.

Ann Callender, *Pathways through Pain: Women's Journey* (Cleveland, Oh.: Pilgrim Press, 1999), 100.

Sue Monk Kidd, "The Secret of Winter Foliage," *Weavings* 15, no. 6 (November/December 2000): 23.

Teresa of Avila, *The Way of Perfection*, 113.

Ann Callender, *Pathways through Pain*, 132.

주

제1주

1. Walter Wink, *Engaging the Powers: Discernment and Resistance in an World of Domination*(Minneapolis, Minn.: Fortress Press, 1992), 111.
2. For most of these insights I am indebted to Walter Wink's chapter titled "God's Domination-Free Order: Jesus and Reign" in Engaging the Powers(Chapter 6).
3. A paraphrase of Clarence Jordan's insight from *Sermon on the Mount*(Valley Forge, Pa.: Judson Press, 1993), 8.

제2주

1. Flora Slosson Wuellner, *Forgiveness, the Passionate Journey* (Nashville, Tenn.: Upper Room Books, 2001), 25.
2. Percy C. Ainsworth, *The Blessed Life: Short Addresses on the Beatitudes*(London: Robert Culley, n.d.), 63.
3. Jordan, *Sermon on the Mount*, 10.
4. Ainsworth, *The Blessed Life*, 64.
5. Johannes Baptist Metz, *Poverty of Spirit*(Paramus, N.J.: Paulist

Press, 1968), 27.

6. Judy Cannato, "The Poverty of Provisionality," *Weavings* 15, no. 1 (January/February 2000):12.

제3주

1. Simon Tugwell, *The Beatitudes: Sounding in Christian Traditions Traditions*(Springfield, Ill.: Templegate Publishers, 1985), 63.
2. *Ibid.*, 65.
3. Linda J. Vogal and Dwight W. Vogal, *Syncopated Grace: Time and Seasons with God*(Nashville, Tenn.: Upper Room Books, 2002), 67.

제4주

1. A line from "The Seven Deadly Virtues," by Alan Jay Lerner in Camelot.
2. A paraphrase of Ainsworth. *The Blessed Life*, 90.
3. Severly key ideas in this chapter are developed from insights originally offered by Mary Lou Redding. Of particular note are negative cultural views of meekness in relation to power(page ??? 원서 48), and the interpretation of meekness as human powers placed at God' s disposal, including illustrations from Jesus' ministry and of the horse being gentled(page ???-???원서 51-52).
4. Robert C. Morris, "Meek As Moses; Humility, Self-Esteem, and the Service of God," *Weavings* 15, no. 3(May/ June 2000): 39.
5. See Mark Powelson and Ray Riegert, eds., Marcus Borg, consulting ed., *The Lost Gospel Q; The Original Sayings of Jesus* (Berkeley, Calif.: Ulysses Press, 1996), 44.
6. Wink, *Engaging the Powers*, 182.
7. Jordan, *Sermon on the Mount*, 12-13.

8. Morris, "Meek as Moses," 38-9.
9. It is no accident that the marginal people called the Celts developed the rich spirituality embracing the earth and its goodness as signs of God' s presence in their midst. Celtic Christians were truly poor, lacking status in the British Isles and often maligned in Christendom. But these people could be said to have inherited the earth, to have enjoyed possession of its beauty and abundance more truly than many Christians who have busily, self-confidently "mastered" and devalued the earth.

제5주

1. Ainsworth, *The Blessed Life*, 107.
2. Tugwell, *The Beatitudes*, 75.
3. *Ibid.*, 78.
4. Ainsworth, *The Blessed Life*, 107.
5. David Rensberger, "Thirsty for God," *Weavings* 15. no. 4(July/August 2000): 24.
6. Wendy M. Wright, "I Thirst," *Weavings* 15, no. 4(July/August 2000): 31.
7. Ainsworth, *The Blessed Life*, 111.
8. Rensberger, "Thirsty for God," 24.

제6주

1. Brennan Manning, *The Wisdom of Tenderness*(San Francisco: HarperSanfrancisco, 2002), 25-26.
2. *Ibid.*, 22.
3. Tugwell, *The Beatitudes*, 87.
4. Robert C. Morris, "God'd Wrestling Match with Wrath," *Weavings* 15, no. 5 (September/October 2000): 21-22.

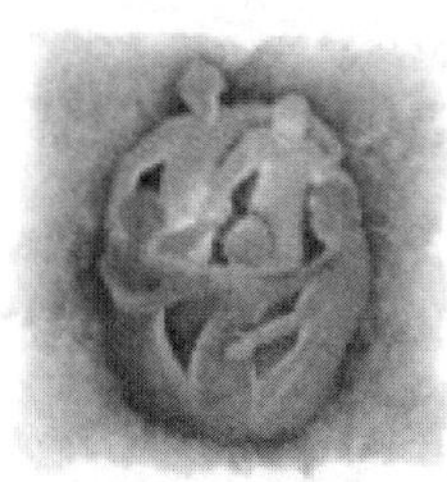

5. Ainsworth, *The Blessed Life*, 127.
6. John McQuiston, *Always We Begin Again: The Benedictine Way of Living*(Harrisburg, Pa.: Morehouse Publishing, 1996), 30-31.
7. See especially James McGinn' s story of being a clown visitor to a seven-years old boy dying of cancer. "Mercy in hard Times and Place," *Weavings* 15, no. 5(September/October 2000), 26-28.
8. Jordan, *Sermon on the Mount*, 17.
9. *Ibid.*, 18.
10. Thomas Merton, *The Sign of Jonas*(Garden City, N.Y.: Doubleday, 1956), 251-52.

제7주

1. Tugwell, *The Beatitudes*, 94.
2. *Ibid.*
3. Ainsworth, *The Blessed Life*, 135.
4. Tugwell, *The Beatitudes*, 98.
5. Thomas Merton, trans., *The Wisdom of Desert: Sayings from the Desert Fathers of the Fourth Century*(New York: The Directions Publishing, 1970), 62.
6. Roger Gottlieb, ed., *This Sacred Earth: Nature and the Environment*(New York: Routledge, 1996), 46.
7. Martin Luther, *Luther's Meditations on the Gospel*, trans. by Ronald H. Bainton(Philadelphia: The Westminster Press, 1962), 52.
8. Definition of grace offered by Robert Morris to the Pathways-Weaving Retreat, October 2002, at Scarritt-Bennett Center, Nashville, Tennessee.
9. *The contemporary English Blackfriar*, Simon Tugwell.
10. Tugwell, *The Beatitudes*, 102.
11. *Ibid.*, 109.
12. Ainsworth, *The Blessed Life*, 140.

13. From "Be Thou My Vision."

제8주

1 W. Paul Jones, "The Heresy of Peace," *Weavings* 13, no. 6 (November/December 1998): 8.
2. Ainsworth, *The Blessed Life*, 148.
3. See full story in Elaine M. Prevallet, "A Kinship Appeal," *Weavings* 13, no. 6(November/December 1998): 42-43.
4. Ainsworth, *The Blessed Life*, 153.
5. Tugwell, *The Beatitudes*, 121.

제9주

1. Marry Lou Redding, unpublishing manuscript.
2. Jordan, *Sermon on the Mount*, 26.
3. *Ibid.*, 27.
4. Tugwell, *The Beatitudes*, 133.
5. Jordan, *Sermon on the Mount*, 23.
6. Tugwell, *The Beatitudes*, 131.
7. Ainsworth, *The Blessed Life*, 166.
8. Sue Monk Kidd, "The Secret of Winter Foliage," *Weavings* 15, no. 6 (November/December 2000): 19.

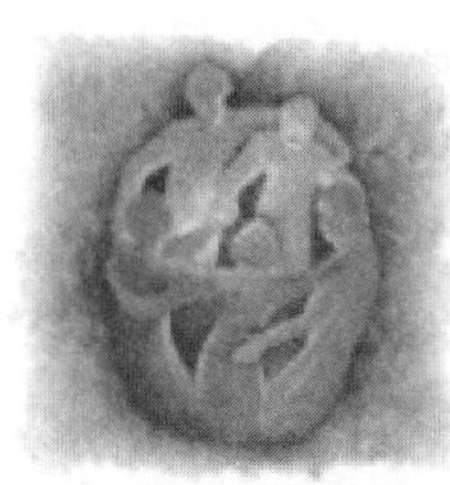

저자 소개 | ABOUT THE AUTHORS

메조리 톰슨 | Marjorie J. Thompson

장로교 목회자로서 영적 지도자, 피정 인도자, 그리고 현재 미국 내쉬빌에 있는 Pathways Center for Soiritual Leadership의 책임자로 사역하고 있다. 저서로는 *Family The Forming Center, Soul Feast*가 있으며, 영성 격월간지인 위빙스에 많은 글을 싣고 있다.

스티픈 브라이언트 | Stephen D. Bryant

미국 연합 감리교(The United Methodist Church)의 목사인 저자는 Upper Room 출판사 편집인으로 사역하기 전까지 미국 Upper Room의 Spiritual Formation 이사와 The Walk to Emmaus와 Chrysalis 운동의 국제 담당 이사로 사역했다. 그는 미국 텍사스 주 사리타에 있는 Lehb Shomea House(텍사스 주 San Antonio에 있는 Oblater School of Theology와 연관된 관상기도와 영성신학 센터)에서 기독교 영성신학 과정을 수료했다. 그리고 스티픈은 Shalem Institute of Spiritual Formation에서도 수학했다.

역자 최대형 | Anthony Paul Choi

미국의 Upper Room에서 주관하고 있는 제15차 영성 형성 아카데미(Acedemy for Spiritual Foration)를 수료하였으며, 은성출판사 대표이다. 역서로 하워드 라이스의 『영성 목회와 영적 지도』(*The Pastor as Spiritual Guide*), 토마스 하트의 『현대인의 영성 탐구』(*Spiritual Quest*), 『거룩한 등정의 사다리』, W. Paul Jones의 『광야의 계절』(*A Season in the Desert*)이 있으며 저서로는 『홀연히 어두움이 닥칠 때 잠잠하라』가 있다.